Crédits

Design de couverture @Lucas Legrand

Dépôt légal : avril 2021

Première édition : avril 2021

Auto-édition

Je me présente, Florence, 47 ans, maman de 4 enfants, (Jonathan, Gaëtan, Ysaline et Thomas). Thomas, qui est mon plus jeune, a été diagnostiqué autiste Asperger, en 2020, à 13 ans, malgré les nombreuses années durant lesquelles nous avons côtoyé le monde neuropsychologique : pédopsychiatre, neuropédiatre, psychologue, psychomotricienne, sophrologue. Le diagnostic de l'autisme est un parcours du combattant et je pense que de nombreux parents d'enfant autiste pourraient en témoigner. Nous avons vu le premier neuropédiatre quand Thomas avait 6 ans et le diagnostic a été posé presque 8 ans plus tard.

En plus de son autisme, Thomas est aussi diagnostiqué depuis plusieurs années TDAH - HP, ce qui signifie qu'il a un déficit de l'attention avec hyperactivité et qu'il est à haut potentiel. Il a aussi souffert de plusieurs troubles logopédiques et a toujours de la dyslexie aujourd'hui.

Au cours de mon récit, je vous parlerai des difficultés rencontrées dans sa scolarité à cause d'un système scolaire belge complètement déficient pour les enfants qui souffrent de troubles de l'apprentissage ou du comportement et comment, j'ai réussi, à force d'efforts continuels et de recherches, à réduire le fossé entre les apprentissages scolaires obligatoires et les capacités de Thomas. Le décrochage scolaire de mon fils était ma hantise et je voulais à tout prix l'éviter.

Je vous expliquerai aussi de la façon dont mon point de vue et mes objectifs ont évolué au cours des semaines et des difficultés rencontrées.

Vous découvrirez également comment j'ai réussi à trouver un

équilibre entre les apprentissages scolaires et le développement psychosocial de Thomas aujourd'hui.

Bonne lecture !

<u>Introduction</u>

Cette introduction a été un vrai casse-tête pour moi. Je l'ai réécrite de nombreuses fois car elle ne me convenait pas et surtout, elle ne reflétait pas la suite du livre. Je ne voulais évidemment pas que les lecteurs s'arrêtent au bout de celle-ci en se disant que ce roman allait être rébarbatif. Alors que j'ai tout fait pour raconter l'histoire de Thomas sous forme d'un récit divertissant.

Mais voilà, ma logique me dictait de vous introduire le sujet, je me devais de vous parler des troubles du déficit de l'attention avec Hyperactivité et du syndrome autistique, qui qualifient si bien mon Thomas. Tant que vous n'êtes pas confronté à un enfant qui en souffre, il est difficile de bien réaliser l'étendue des difficultés avec lesquelles ces personnes doivent vivre et la portée qu'elles ont sur leur vie de tous les jours et par conséquent, sur la vie quotidienne des personnes qui les entourent.

Finalement après plusieurs semaines de réflexion, après y avoir réfléchi de nombreuses fois, j'ai décidé de raccourcir cette introduction et de mettre les informations dont je voulais parler en annexe de ce roman. Les personnes qui souhaitent en apprendre plus sur le sujet avant de commencer le récit peuvent aller lire ces annexes et les autres n'ont plus qu'à tourner la page pour découvrir le début de notre histoire, celle d'une maman en mode guerrière qui ne reculera devant rien pour se faire entendre et pour que son fils progresse et s'épanouisse.

En plus des difficultés scolaires rencontrées par Thomas, j'essaierai de le décrire aussi dans ses attitudes à la maison, pour vous permettre d'identifier des attitudes similaires chez votre enfant. Le but premier de ce livre est de partager mon expérience et les solutions que j'ai élaborées pour aider tous les parents qui, comme moi, galèrent ou sont perdus face au manque d'aide et de systèmes efficaces pour accompagner au mieux nos enfants dans leur vie quotidienne et ainsi, nous soulager.

PARTIE I

<u>Chapitre 1 – Thomas</u>

Je ne pouvais décemment pas commencer l'histoire de Thomas sans vous le décrire, tant physiquement que dans ses habitudes comportementales. Je me dois aussi de vous donner quelques informations sur les choses importantes à ses yeux.

Thomas a trois ans. C'est un petit garçon mignon, de taille normale, il a les yeux et cheveux marrons, la peau mate toujours bronzée, et il est très mince. Les deux critères de sélection quand j'achète un pantalon c'est que ce soit un extra slim et surtout, qu'il y ait des élastiques à l'intérieur, au niveau de la ceinture (quel génie celui qui a eu cette idée) ; sans quoi, le pantalon finira systématiquement à ses chevilles. C'est déjà limite comme cela, son pantalon est plus souvent au milieu de ses fesses qu'à sa taille, mais c'est bien le cadet des soucis de Thomas.

Il est né prématurément en Espagne. Il a donc la double nationalité et devra choisir définitivement à dix-huit ans quelle nationalité il souhaite prendre. Pour lui, son pays, c'est l'Espagne. Il dit souvent que la partie droite de son corps est belge, et la partie gauche est espagnole. Quand on lui dit qu'il est bien bronzé, il dit que c'est normal vu qu'il est Espagnol.

Il a deux frères qui ont douze et onze ans de plus que lui et qu'il ne voit pas beaucoup, car ils sont à l'internat à cause du football. Il ne veut d'ailleurs pas faire de foot, il n'a aucune envie de finir à l'internat comme eux. Il a aussi une sœur, de 5 ans son aînée. Il s'entend bien avec elle mais de par leur différence d'âge, il ne joue pas beaucoup avec elle.

Thomas est passionné par les pompiers : Il a toujours son casque sur la tête, les seuls livres qu'il lit parlent de ce sujet, il regarde le dessin animé Sam le

Pompier à longueur de journée (je ne peux plus entendre ce générique aujourd'hui), il a un lit en forme de camion et il a une petite voiture métallique pour enfants dans laquelle il passe des heures. Il a toute la collection Playmobil® pompiers, il possède souvent plusieurs exemplaires du même objet et ne veut rien d'autre. Les pirates ou policiers ne l'intéressent pas, contrairement à beaucoup d'enfants de son âge. J'ai essayé les Lego, mais il n'accroche pas. Vu sa maladresse, la construction casse trop vite et il n'a pas la patience de tout remonter.

Thomas est un enfant solitaire, il joue des heures tout seul, il n'a besoin de personne. On dira souvent en rigolant qu'il n'est jamais tout seul, qu'il a plein d'amis en permanence avec lui. Il a une imagination débordante et peut jouer le rôle de dix bonshommes Playmobil® à lui tout seul. Il parle, il crie, il s'exprime, jouer en silence est pour lui impossible.

Il adore les puzzles, il est d'ailleurs capable d'en faire de 100 pièces et bien entendu, je vous laisse aisément devenir quelles images sont représentées sur ses puzzles, vu ce que je viens de vous dire auparavant.

Thomas déborde de vie, il ne dort pas beaucoup et est toujours en forme. Je ne sais plus ce que faire une grasse matinée veut dire avec lui. Et pas besoin d'un café pour se réveiller, vous avez l'impression que le lever des paupières enclenche automatiquement le bouton « on ».

Ce qui caractérise le plus Thomas, c'est qu'il grimpe sur tout. Il ne sera jamais assis normalement dans un fauteuil, il va d'office se mettre à califourchon sur le dossier ou la tête en bas et les jambes sur le dossier. Il grimpe aux espaliers, sur la rambarde des escaliers, aux barres métalliques du trampoline (c'est bien plus amusant que de sauter dedans). A quinze mois, il s'est ouvert à la joue en passant par-dessus son lit cage. Nous avons été obligés de dévisser le sommier de son lit et de le mettre à même le sol avec le matelas pour sa sécurité. Mais six mois plus tard, il passait à nouveau par-dessus et il a donc fini à deux ans dans un lit normal. On n'a pas mis de barrière, de toute façon elle aurait été inutile.

Il est très souple, voire élastique. Quand il tombe, on dirait un pantin désarticulé. Je me suis d'ailleurs inquiétée mais le pédiatre m'a confirmé qu'il était dans les normes. Il manque de coordination dans ses mouvements. Quand il court, vous avez l'impression qu'il est à la limite de la rupture. Que ses mouvements ne suivent pas toujours et qu'il est prêt à trébucher. Mais étonnamment, il ne trébuche presque jamais….

Thomas n'est pas douillet, et cela aussi m'a interpellée plusieurs fois. J'ai le sentiment qu'il n'a jamais mal. Il a parfois d'énormes bleus aux jambes et quand je lui demande comment il se les est faits, il ne sait pas. La plupart du temps, il n'avait même pas remarqué qu'il avait un hématome. Du coup, il n'a pas vraiment de motivation pour faire plus attention. Et il est solide, car hormis la cicatrice à la joue tout petit, il n'a jamais été recousu ni plâtré.

Thomas est très axé sur sa famille, essentielle à ses yeux. Ses grands-parents, ses parents, ses frères et sœur, ses oncles et tantes et ses cousins et cousines. Les autres personnes n'ont aucune valeur à ses yeux et gare à celui qui veut entrer dans sa famille. Il dira d'ailleurs un jour à la future femme d'un de ses frères qu'elle doit quitter Gaëtan, car elle est en train de lui voler son frère et de toute façon, elle ne fait pas partie de sa famille.

Thomas articule très mal, il a de gros défauts de prononciation. Mais quand on comprend ce qu'il dit, on se rend compte qu'il a un vocabulaire très riche et qu'il parle très bien, il fait de très belles phrases. Et surtout, il dit ce qu'il pense à tout le monde, il ne met jamais de gants, jamais de filtres. Il ne voit d'ailleurs pas la nécessité de le faire, puisqu'il dit la vérité. Dans les files à la caisse, quand une personne plus âgée venait près de lui pour lui dire bonjour, il répondait systématiquement, je ne vous connais pas, je n'ai pas envie de vous parler. Vous n'imaginez pas comme cela m'arrangeait dans ces moments-là qu'il articule mal, cela m'a épargné bien des moments qui auraient créé un vrai malaise.

Thomas est très obéissant. Les règles sont les règles. On ne les transgresse pas. D'ailleurs, ceux qui ne respectent pas les règles finissent en prison et c'est bien normal à ses yeux. Si on l'écoutait, il faudrait construire des dizaines de prisons supplémentaires, vu toutes les personnes qui méritent d'y être.

Mais son respect des règles n'est pas toujours facile à gérer. Je lui avais dit qu'il ne devait pas monter dans la voiture de quelqu'un qu'il ne connaissait pas. Je voulais évidemment dire « Tu ne montes pas tout seul dans la voiture d'une personne que tu ne connais pas ». J'avais omis le mot seul. Grosse erreur, il faut être très précis dans les instructions qu'on lui donne. Sa mamy n'a pas de permis et va donc faire ses courses à pieds. Un jour qu'il l'accompagnait, alors qu'ils rentraient du magasin, une voiture du quartier s'est arrêtée et à proposer à ma belle-mère de la ramener avec Thomas pour lui éviter de devoir marcher en portant des sacs encombrants et visiblement bien lourds. Thomas n'a jamais prétendu monter dans la voiture. Fatalement, maman lui avait dit qu'il ne pouvait pas monter dans la voiture de quelqu'un qu'il ne connaissait pas. Elle n'avait pas dit qu'il pouvait le faire s'il était accompagné d'un adulte. Elle avait oublié le mot « seul ». Il ne pouvait pas désobéir. Thomas doit faire ce que maman a dit. Ils sont finalement rentrés à pieds, impossible pour sa grand-mère de le convaincre de monter.

Thomas est bien plus à l'aise avec les enfants plus âgés ou avec les adultes qu'avec les enfants de son âge. C'est un faux timide. Il fait le gêné et se cache derrière moi quand on arrive quelque part mais il se met vite à l'aise et au bout de quelques minutes, il n'a plus peur de personne. Il va très facilement avec les adultes, qu'il essaie de charmer. Il n'oublie jamais son intérêt. Et surtout, il est très affectueux. Il me dit continuellement qu'il m'aime, il me fait des dizaines de câlins par jour, je suis la meilleure maman du monde, il a beaucoup de chances de m'avoir (et c'est pareil avec son papa).

Enfin, vous pouvez très facilement faire plaisir à Thomas, pas besoin de débourser des centaines d'euros. Il est content avec un rien et surtout, il suffit qu'on s'occupe de lui ou qu'on joue avec lui pour qu'il nous remercie. Il apprécie toutes les petites attentions qu'on peut avoir pour lui et nous le rend toujours au centuple. En fait, c'est un vrai bonheur de lui faire plaisir car on aura toujours un retour, souvent démesuré par rapport à ce qu'on a fait. Le seul hic, c'est que cette démesure est valable dans l'autre sens aussi, donc si vous faites une erreur un jour, elle va aussi prendre des proportions déraisonnables et vous allez en entendre parler pendant des années, avec une exagération parfois un peu lourde à supporter.

On peut aussi dire la même chose au niveau de sa sensibilité. Thomas est hypersensible. Il n'oublie rien et si vous avez un jour dit quelque chose que vous ne pensiez pas sous le coup de la fatigue ou de l'énervement, il vous le rappellera encore plusieurs années après. Et il insistera sur le fait que vous lui avez fait terriblement mal, alors qu'il s'agissait d'une broutille. Il faut donc rester vigilant avec lui et s'abstenir de dire quoi que ce soit qu'on ne pense pas, si on veut éviter des reproches futurs et surtout, de le blesser profondément car je suis convaincue que son ressenti est réellement celui qu'il décrit et qu'il ne ment donc pas quand il dit qu'on lui a fait énormément de mal. Par contre, lui, il peut tout dire, et selon lui, cela ne doit blesser personne.

Voilà, je pense que vous pouvez maintenant facilement imaginer Thomas dans sa vie de tous les jours.

Tout bon narrateur devrait prendre le temps de décrire tous les personnages de son livre, mais je vais volontairement omettre de me décrire. Ce livre parle de Thomas et même si j'y joue un rôle important, je me contenterai de donner quelques informations sur moi au fil de l'histoire.

Chapitre 2 – Les maternelles

Comme ses frères et sa sœur, j'inscris Thomas en première maternelle dans la petite école du village au bout de la rue, par facilité. Il est possible de s'y rendre à pieds et je n'ai eu aucun souci avec mes autres enfants dans cette école. Ils ont brillamment réussi leur CEB en fin de primaires, je ne vois dès lors pas de raison de changer d'école. A un moment, Thomas pourra même y aller tout seul à pieds, les plus grands l'ont fait, c'est très confortable quand on travaille et que le temps est compté.

Pour les non Belges qui lisent ce livre, le système scolaire belge est différent du système dans d'autres pays. Vous pouvez trouver l'équivalence des années que j'aborderai au cours de mon récit sur différents sites internet en faisant une simple recherche sur Google.

Thomas passe quelques mois en première accueil. Il a une jeune institutrice, pleine de dynamisme et elle ne me signale aucun souci particulier. Il n'aime pas l'école, je le comprends très vite, il préfère jouer avec ses pompiers, mais ces premiers mois ne se passent pas trop mal et la première maternelle se fait dans la continuité de la première « accueil », sans souci particulier, si ce ne sont les crises de larmes chaque matin quand je le dépose dans la cour de récréation ou dans la classe. Je m'y suis habituée au fil des semaines et je sais que ces crises s'arrêtent directement après mon départ.

Je réalise quand même à la maison que Thomas se comporte différemment de mes autres enfants. Il aligne tous ses pompiers Playmobil® de façon organisée, tous dans la même position, d'abord ceux avec un casque jaune et ensuite ceux avec un casque blanc. Il les sous-classe ensuite en fonction de leur genre (d'abord les hommes évidemment), de la couleur de leurs cheveux, de la couleur de leurs yeux, et d'autres caractéristiques physiques comme une moustache, une barbe par exemple. Je les inversais parfois discrètement de position pour voir sa réaction et il remarquait immédiatement que le pompier n'était pas à sa place. Il y avait bien une logique dans l'alignement.

Sa couleur préférée est le rouge et il a tendance à n'utiliser que le marqueur rouge dans ses dessins. Il ne s'intéresse à rien d'autres qu'aux pompiers, impossible de le faire jouer à autre chose, il ne veut pas d'autres jouets que les Playmobil® (pourtant, j'ai essayé) et il est capable de regarder 20 fois d'affilée le même épisode. Il connaît d'ailleurs les épisodes par cœur. Il ne me parle que des pompiers et répète tout le temps la même chose. Plus tard, il sera d'ailleurs pompier. Tous les jours, il réinstalle ses personnages Playmobil® et peut les regarder longtemps sans y toucher. Il est débordant d'énergie et s'exprime encore avec son défaut de prononciation. Je ne vois aucune amélioration malgré l'école et le fait que je le corrige continuellement dans son expression orale. Mais comme un de ses frères a eu ce défaut de prononciation et que celui-ci s'est arrangé pour lui, je ne m'inquiète pas trop, d'autant plus que son frère a eu de grandes facilités à l'école et a même sauté une année en primaires. Je me dis que le temps fera les choses.

Les réels soucis scolaires commencent en deuxième maternelle. Thomas pleure de plus en plus le matin. Il fait des crises pour ne pas aller à l'école, il essaie de m'amadouer ou devient colérique. Il déteste aller à l'école et voudrait que j'arrête de l'y emmener. Il y est malheureux et j'ai le sentiment que je suis une mauvaise maman qui conduit volontairement son enfant dans un endroit qui ne lui plait pas.

Son institutrice me dit qu'il joue souvent seul et frappe les autres enfants qui essaient de l'intégrer dans leurs jeux. Thomas n'est pas agressif mais ne se laisse pas faire. Et depuis tout petit, quand les autres ne le comprennent pas ou le provoquent, il réplique en frappant ou en donnant des coups de pieds. Mais il ne frappera jamais le premier et ne provoquera jamais les autres de lui-même.

Il rejette de ce fait la compagnie des autres enfants et préfère s'isoler dans la cour de récréation. Il subit beaucoup de moqueries à cause de son défaut de langage et fatalement, comme il réagit au quart de tour, quand les enfants ont envie de le titiller, ils vont le provoquer.

Son institutrice me conseille de l'inscrire au judo pour qu'il apprenne à canaliser son énergie et ses émotions mais je ne l'écoute pas. En effet, Thomas ne souhaite pas faire de judo et quand il ne veut pas faire quelque chose, il le fait expressément de travers pour nous décourager. De plus, je ne connais pas du tout ce milieu. Je vis aussi à l'époque une séparation difficile avec son papa, ce qui me détruit psychologiquement et ne me permet pas d'avoir un jugement approprié. Je vis dans un stress permanent à cause de ma séparation et je trouve normal dans ces conditions que Thomas rencontre des difficultés et soit plus difficile, vu l'anxiété qui règne à la maison. De plus, le manque de temps se fait sentir. Tout en travaillant, je dois à présent gérer seule toutes les activités, la maison et les devoirs. Ce n'est pas facile et je ne vois pas trop comment j'ajouterais une activité supplémentaire dans cette organisation qui ne tient déjà qu'à un fil. En outre, l'année étant déjà entamée, je ne suis pas certaine qu'il soit encore possible de trouver une place pour Thomas qui sera d'office en retard comparativement aux autres. Il va donc se sentir nul contrairement à eux et tout de suite se décourager. Je préfère attendre septembre et qu'il démarre dans un groupe dans lequel les enfants débutent comme lui.

Un jour, j'apprends que Thomas s'est enfui de l'école pour rentrer à la maison. Je l'apprends plusieurs semaines après sa fugue, car l'institutrice s'est bien gardée de me dire qu'il avait échappé à sa surveillance. Il est visiblement bien plus facile pour elle de critiquer Thomas que de reconnaître ses erreurs. Pour me dire comment agir avec mon fils, elle est toujours présente mais quand elle commet une distraction qui aurait pu être lourde de conséquence, madame est aux abonnés absents. Je connais Thomas, je sais qu'il peut vous échapper en deux secondes d'inattention, j'aurais de ce fait été tolérante. Mais pas quand l'école me cache délibérément les choses.

Il est difficile de punir un enfant pour une bêtise qu'il a faite près d'un mois plus tôt. Je suis hors de moi, j'ai peur pour sa sécurité, il a quatre ans et demi et s'est retrouvé seul dans la rue. Vous imaginez bien tout ce qui peut me passer par la tête à ce moment-là, toutes les pires catastrophes qui auraient pu lui arriver. J'imagine mon fils en train de frapper à la porte de la maison et la déception qu'il a dû ressentir quand je n'ai pas ouvert. Je me dis qu'il aurait pu se faire renverser en traversant, il est tellement distrait. Et s'il avait croisé la route de quelqu'un de malveillant, on aurait pu me l'enlever. Oui, je sais, je me fais tout un film mais je pense que c'est normal dans une telle situation. Mon fils n'avait pas à partir c'est certain. Mais l'enseignante aurait dû mieux le surveiller ou du moins, remarquer son absence plus vite. Car comme je vous l'ai dit, Thomas n'est pas calme et silencieux, on remarque aisément quand il n'est plus là.

J'essaie quand même d'avoir une explication de Thomas, il faut que je comprenne ce qui l'a poussé à quitter l'école. Il s'est peut-être passé quelque chose que l'institutrice m'a volontairement tu. Et je n'ai absolument pas envie qu'il recommence. Enfin, je veux savoir comment il a fait, normalement, il n'est possible d'ouvrir les portes qu'en actionnant un bouton qui est placé bien trop haut pour qu'un enfant puisse l'atteindre, la porte n'a pas de poignée à l'extérieur, il est de ce fait impossible de l'ouvrir sans l'aide d'une personne adulte de l'école, cette porte était fatalement fermée. Je ne comprends pas comment il a réussi à partir.

Quand je lui demande, il me regarde comme si je lui posais une question stupide dont la réponse était tellement évidente : il a bien sûr escaladé la barrière qui était fermée. C'est quand même tellement facile de passer au-dessus, elle n'est pas très haute cette barrière. Comment n'y ai-je pas pensé, c'était évidemment un jeu d'enfants pour un grimpeur agile comme Thomas.

Question suivante : pourquoi est-il parti de l'école ? Est-ce qu'il s'est passé quelque chose de particulier ce jour-là ? Evidemment que non. Il s'ennuyait juste comme tous les jours, je sais quand même bien qu'il déteste l'école mais que je ne veux pas l'entendre et je continue à l'y mettre. Il en a tout simplement eu assez, il préfère largement être à la maison et a tout bonnement décidé de rentrer. Il espérait en fait que je lui ouvrirais la porte et accepterais qu'il ne retourne pas à l'école. Sa naïveté me fait sourire.

Parlons un peu de son talent de grimpeur. Les gens qui l'ont côtoyé ont eu quelques sueurs froides. Thomas était toujours en hauteur. Il grimpait aux espaliers, aux murs, aux poteaux des balançoires et portiques, à tout en fait. Un vrai koala, plein d'agilité, il n'avait pas besoin d'appui, il grimpait à la force de ses bras et de ses jambes. Un jour, nous étions en Normandie avec toute ma famille, trois secondes d'inattention et voilà mon petit garçon en haut d'un lampadaire. Avec des bottes de pluie en caoutchouc aux pieds, vous admettrez que ce ne sont pas les chaussures les plus adéquates pour grimper. Et encore moins à un lampadaire constitué d'un poteau uniforme et d'une lampe au sommet. Il était bien entendu monté un peu trop haut à mon goût mais impossible de le faire bouger de ce lampadaire. J'avais beau lui demander de descendre, il me disait au contraire de grimper parce que la vue était bien plus belle en haut ! Visiblement, je ratais quelque chose. Il nous a fallu dix minutes pour le retrouver les pieds au sol et je ne vous dis pas le nombre de passants qui m'ont foudroyée du regard, en me considérant comme une mère indigne qui ne savait pas surveiller son enfant et encore moins le faire obéir.

Revenons-en à l'école, je réalise avec la fuite de Thomas que sa scolarité va être compliquée, qu'il ne se sent vraiment pas bien à l'école et que c'est une véritable torture pour lui. Et son audace et son imagination ne vont pas être mes meilleurs alliés. Heureusement, la fin de l'année scolaire est proche et je sais que l'institutrice de l'année suivante conviendra mieux à Thomas, car elle a la même énergie et le même caractère que l'enseignante de première maternelle. Je suis de toute façon dans l'incapacité de changer mon fils d'école à cause de ma séparation. Je ne peux pas encore ajouter des trajets à mon organisation déjà fort compliquée de maman célibataire avec 4 enfants et travaillant 60 heures par semaine.

Je découvre à cette époque la mémoire hors norme que possède Thomas. Il regarde les dessins animés et reproduit ensuite le scénario mot pour mot avec ses personnages Playmobil®. Il est capable de mémoriser un épisode entier en ne l'ayant regardé qu'une seule fois. Il retient tout ce que je lui dis sur les sujets qui l'intéressent. Comme il joue beaucoup tout seul, il n'est pas influencé par le langage des autres enfants et développe un vocabulaire de plus en plus distingué, relevé. On dit parfois en souriant qu'il parle comme un petit bourgeois. Il a également une excellente mémoire visuelle. Il nous suffit d'aller une fois quelque part, il est capable de retrouver sa route tout seul. Et quand il nous arrive de passer une deuxième fois au même endroit, malgré plusieurs mois d'écart, il le reconnait immédiatement et peut à chaque fois nous rappeler à quelles occasions nous étions déjà passés par là. Il est épatant.

La dernière année de maternelle se passe mieux que la précédente. Thomas pleure toujours quand je le dépose le matin mais c'est de plus en plus bref. Il a trois copains et est même invité pour la première fois à un anniversaire. Je me dis que cela va mieux, je me voile sans doute la face en me rattachant à tous les petits détails positifs, en occultant volontairement les soucis. J'en ai besoin pour me rassurer, je suis inquiète.

A la fin de la troisième maternelle, les enfants doivent compléter un carnet d'exercices qui permet d'évaluer leurs connaissances et leur niveau scolaire du moment. L'école utilise les résultats de ce test pour conseiller aux parents de laisser passer ou non leur enfant en primaires. Ce test est informatif, la décision finale revient aux parents, mais il sert de base à la réunion que l'école organise avec les parents en fin d'année. C'est lors de cette discussion que je prends mon premier coup de massue :

l'institutrice que je respecte énormément et que je trouve très professionnelle, me dit que cela va être fort compliqué en première primaire si je laisse passer Thomas. Il est incapable de travailler seul, il ne fait rien quand il n'a personne à côté de lui pour l'obliger à travailler mais il répond parfaitement quand son institutrice est là. Bref, il a toutes les capacités nécessaires mais il n'a pas l'envie de travailler et il met beaucoup de mauvaise volonté à ne pas faire ce qu'il ne veut pas. Au milieu de vingt élèves, cela va être difficile pour lui.

Je sais qu'il est capable, l'enseignante me le confirme et je me suis toujours occupée des devoirs de mes autres enfants. Tout se passera bien. Je décide qu'il ira en primaires en septembre. D'autant plus que ma fille est passée chez cette institutrice de première primaire et que je sais qu'elle avance lentement et qu'elle ne surcharge pas les enfants de travail, ce qui me permettra de revoir le soir avec Thomas ce qu'il n'a pas compris pendant la journée. L'école valide ma décision après une bonne discussion. Nous convenons toutefois qu'une logopède (orthophoniste en France) viendra deux fois par semaine à l'école et s'occupera de Thomas sur le temps de midi pour l'aider. Thomas rentrera bel et bien en primaires en septembre.

Je suis contente à ce moment-là mais avec le recul, j'aurais peut-être mieux fait de le laisser un an de plus en maternelles. Mais voilà, je ne voulais pas qu'il prenne du retard et je n'avais pas imaginé l'étendue des troubles dont souffrait Thomas. Son défaut de prononciation n'était qu'une broutille par rapport au reste mais je ne m'en rendrai compte que l'année suivante. Et pour moi, réussir sa scolarité sans redoubler fait partie de la culture familiale. Alors déjà lui imposer une année avant même de commencer, vous imaginez bien que c'était inconcevable à mes yeux.

1er septembre, jour de la rentrée. Thomas rouspète, il est triste, il ne veut pas retourner à l'école. J'essaie de le rassurer, de lui dire que tout ira bien, qu'il est grand maintenant. Il me répète sans cesse qu'il préfère jouer que travailler, qu'il préfère rester chez les petits, qu'il ne veut pas grandir. J'essaie de jouer sur ses sentiments en lui disant que ses trois copains seront chez les grands mais il s'en fiche. C'est dur … difficile pour une maman de déposer son enfant à l'école quand il y a autant de réticence de sa part et quand il a l'air de vraiment en souffrir. Mais je n'ai pas le choix, je dois rester ferme et forte. Je ne dois pas lui montrer que son attitude me fend le cœur et que je le garderais bien à la maison où il se sent tellement mieux.

Nous arrivons dans la cour de l'école, je l'accompagne bien entendu et là, surprise, mauvaise surprise : ils ont inversé les institutrices des 1ère et 2ème années primaires. Au lieu d'une institutrice calme, âgée, lente, à l'écoute des enfants, qui donne cours en tenant compte du rythme des enfants et sans les surcharger de travail, qui s'occupe autant des enfants moins doués que des plus doués, Thomas se retrouve avec une institutrice hyper active, qui veut aller trop vite, qui ne s'occupe que des meilleurs, qui avance à la vitesse du TGV. C'est une petite catastrophe pour moi, cela sera bien plus compliqué que prévu. Mais ce n'est pas grave, je vais m'investir et Thomas y arrivera.

Malheureusement, les choses se passent mal. Thomas décroche très vite. Tout est compliqué. L'apprentissage des voyelles ne se déroule pas trop mal à l'écrit mais à l'oral, c'est une catastrophe. Il est incapable de dire quelle voyelle il entend dans un mot. Et une fois arrivé aux consonnes, la galère commence, il confond les lettres, sa dyslexie explose. Thomas remet des feuilles blanches lors des contrôles et des dictées. Il ne suit pas, il est perdu en français. Il s'en sort toutefois en calcul et en éveil, mais je sais que la lecture est un vrai souci et que c'est la base de tout apprentissage.

Pour la première fois, les troubles logopédiques de Thomas me semblent bien plus importants que ce que je n'avais imaginé. Moi qui pensais qu'il n'avait que des soucis de prononciation, je réalise que c'est bien plus profond. Ma séparation se passe un peu mieux et j'ai sans doute plus de lucidité à ce moment-là. Je décide d'agir tout de suite pour l'aider et pour m'aider, car je suis dépassée, je perds patience, j'ai énormément de mal à le faire évoluer, à le faire travailler. Je ne sais pas du tout comment je dois m'y prendre, tout ce que j'essaie échoue. Il ne faut pas baisser les bras et laisser la place au découragement. Il faut vite trouver une solution avant que le retard accumulé ne soit trop important.

Je prends rendez-vous en urgence pour un bilan logopédique complet et après plusieurs batteries de tests, le verdict tombe : Thomas ne reconnaît pas les sons. Il a une bonne audition mais il est incapable de différencier les sons. Inutile de vous dire qu'avec un tel souci, l'apprentissage de la lecture est un parcours du combattant. En ajoutant à cela toute sa mauvaise volonté, son aversion pour l'école, sa fainéantise et son manque de confiance en lui, le constat est facile à faire : Thomas va droit dans le mur, l'échec est inévitable. Nous mettons un plan en place chez une logopède et une psychomotricienne. Cette logopède me conseille quand même d'aller faire un bilan plus approfondi dans un centre neurologique spécialisé. Thomas ne dort pas bien, il faut essayer de trouver d'où vient ce problème-là. Le papa de Thomas contacte un centre spécialisé à Ottignies, il insiste sur l'urgence mais rien n'y fait, le premier rendez-vous possible est bien trop loin à notre goût. Nous n'aurons rendez-vous que huit mois plus tard… Nouveau coup dur, nous avons beau dire que notre enfant va mal et a des difficultés, la secrétaire nous dit que nous devons nous estimer heureux, que cela aurait pu être bien pire car parfois le délai est d'un an. Elle met toutefois Thomas sur liste d'attente vu notre insistance et nous promet de nous rappeler s'il y a un désistement entretemps.

Thomas commence ses séances intensives avec la logopède trois fois par semaine. Mais cela ne lui plait pas et l'ennuie profondément. Il ne s'en cache pas. Il soupire et se plaint chaque fois que je dois l'y conduire. Heureusement, la logopède vient parfois à l'école c'est un peu plus facile à gérer. Le samedi matin, j'attends sur place. J'ai toujours peur qu'il ne dérape et que la logopède soit dépassée. Je sais de quoi il est capable et je sais qu'il peut très facilement décontenancer quelqu'un ou amadouer une personne.

J'ai d'ailleurs failli intervenir un jour. La logopède essayait de lui faire prononcer les « r » correctement et non pas à l'anglaise, plus proche des « w » que des « r » comme il avait l'habitude de le faire à cette époque-là. Elle voulait entendre le bruit du moteur. Et cela fonctionnait plutôt bien, il prononçait les mots correctement. Quelle satisfaction ! Cela peut vous paraître idiot, mais à ce moment-là, je m'accrochais au moindre petit progrès. Toute évolution positive est toujours bonne à prendre. Mais ma joie fut de très courte durée, au bout d'une dizaine de mots, plus de moteur, il recommence avec les « w ».

Lorsque la logopède lui demande où est passé son moteur, mon fils, plein de mauvaise volonté, lui répond du tac-au-tac que maman a oublié de le conduire à la station d'essence avant de venir et que du coup, il est en panne de carburant et que le moteur ne fonctionnera plus aujourd'hui. Car elle n'est pas sans savoir qu'un moteur a besoin de carburant pour fonctionner.

Je suis derrière la porte, il y a un long blanc, je suis tiraillée entre mon envie de le secouer et de lui demander de qui il se moque, et, mon admiration pour sa vivacité d'esprit. Inutile de vous dire que j'ai fait un détour par la station d'essence avant de le conduire à la consultation la semaine suivante histoire de faire le plein pour son moteur.

Malgré les séances intenses de logopédie, Thomas n'évolue pas beaucoup. Il prononce mieux mais ses difficultés en français persistent. Une bonne nouvelle tombe toutefois : il y a eu un désistement et nous pouvons aller voir la neuropédiatre début mai au lieu de septembre. Elle décide d'hospitaliser Thomas pendant deux jours, pour lui faire passer différents tests et faire un électro-encéphalogramme de 24 heures. Une nouvelle fois, Thomas est de très mauvaise volonté, les tests durent beaucoup plus longtemps que prévu, malgré la présence de son papa, qui est plus autoritaire que moi et avec lequel Thomas ose moins profiter. Je sors à plusieurs reprises de la pièce où se déroulent ces tests, car Thomas est encore plus difficile en ma présence. C'est de ce fait son papa qui aide pendant tous les tests, mais cela reste très compliqué. Et certains de ceux-ci ne peuvent pas vraiment être interprétés car Thomas ne les a pas faits correctement.

A cette époque, Thomas change de centre d'intérêt : au revoir les pompiers, du jour au lendemain, il ne veut plus son casque qu'il ne quittait jamais, il ne veut plus de ses figurines et ses camions de pompiers Playmobil®. Dorénavant, il veut être pirate et il n'y a plus que cela qui compte. Bien entendu, il reçoit toute la collection Playmobil®. Il regarde Peter Pan en boucle à un tel point qu'il connait le film par cœur et déclame des morceaux de ce dernier à tout bout de champ comme s'il était Peter Pan. Il est tellement dans ses jeux que je me demande parfois si Thomas réalise bien quand il joue que ce n'est pas la vraie vie. Je m'efforce donc de lui rappeler de temps en temps que son monde lorsqu'il joue et le monde réel sont deux choses différentes et qu'il doit bien les distinguer. Il en est conscient mais préférerait que je ne vive pas dans la réalité, car, au moins, dans son monde imaginaire, on ne trouve aucune méchanceté et on ne doit pas travailler.

Pendant ce temps-là, le décrochage scolaire de Thomas continue. Aux réunions des parents, son institutrice me dit que Thomas n'a pas sa place dans l'enseignement général et qu'il devrait aller dans l'enseignement spécialisé. Je ne veux rien entendre, j'ai de très mauvais échos de ce type d'enseignement et je sais que Thomas est capable, même si c'est compliqué. Il faut juste que je trouve la bonne façon de faire, la bonne méthode pour l'aider dans ses apprentissages. Pour elle, Thomas est effectivement capable mais il a besoin d'une présence trop importante à ses côtés et c'est impossible à gérer dans une classe de vingt enfants. L'école insistait depuis le début de l'année pour que Thomas soit vu par le PMS[i]. Je refuse. Il m'a toujours été dit qu'une fois que je donnais l'autorisation au PMS de suivre mon enfant, les décisions ne m'appartenaient plus. J'ai bien trop peur d'avoir le PMS en plus de l'école contre moi et de me retrouver coincée. Je réaliserai bien plus tard que c'était un préjugé injustifié et que j'aurais bien mieux fait de faire appel au PMS. Je vous conseille vraiment de ne pas sous-estimer l'aide que ces professionnels peuvent vous apporter. A refaire, je les contacterais tout de suite. Vous découvrirez d'ailleurs plus loin que le PMS m'a bien aidée par la suite.

Nous avons rendez-vous début juin pour les résultats des deux jours d'hospitalisation avec la neuropédiatre. Je n'oublierai jamais ce rendez-vous. Il fut le déclencheur du plus mauvais choix que j'ai fait au niveau de la scolarité de Thomas. La neuropédiatre nous dresse le bilan neuro-logopédique de Thomas. Pas de trouble majeur du comportement mais ils n'ont pas pu faire les tests comme ils l'auraient voulu. Il faudra sans doute investiguer à un autre moment. L'EEG de Thomas est normal et il n'a pas de trouble du sommeil. Il a toutefois de l'hyperactivité et de sérieux troubles logopédiques. Pour elle, la seule solution est de mettre Thomas deux ans

dans l'enseignement spécialisé de type 8[ii].
, le temps nécessaire pour résoudre tous ses troubles DYS. Il reviendra par après dans l'enseignement général et pourra suivre sans souci cet enseignement, parce que ses capacités sont réelles. Elle nous complète le document nécessaire à son inscription dans l'enseignement de type 8.

Il me faut quelques jours pour digérer ce rendez-vous. Je suis contre l'enseignement spécialisé mais c'est la deuxième fois que quelqu'un me le conseille pour mon fils. Je ne peux pas l'ignorer. Il y a sans doute une part de vérité dans ce qu'ils disent et je n'arrive quand même pas à lui apprendre à lire ni à l'aider correctement dans les autres matières. Les points sont catastrophiques malgré tous mes efforts. Mais c'est plus fort que moi, je ne peux me résoudre à le changer d'école. J'y réfléchis et je me renseigne sur d'autres alternatives, n'acceptant toujours pas cette réalité. Je connais ses capacités, je vois le vrai Thomas à la maison, je sais ce qu'il vaut, les autres ne voient que son mauvais côté à l'école ou lors des rendez-vous médicaux qui lui cassent les pieds, qui l'empêchent de jouer, qui l'obligent surtout à faire des choses dont il n'a pas envie. Tous les tests qu'ils passent lui font trop penser aux exercices à l'école et il est dans de mauvaises dispositions au moment où il les réalise. Il les bâcle tous, il répond n'importe quoi. S'il avait été dans de bonnes dispositions ; les résultats auraient été différents et personne ne m'aurait dit de le mettre dans l'enseignement de type 8. C'est en tout cas mon analyse subjective de la situation. Je refuse de voir les choses en face.

J'apprends lors de mes recherches qu'il existe une possibilité de détacher une personne deux fois par semaine pour venir aider un enfant une demi-journée dans son école. Ce qui impliquerait que Thomas aurait une institutrice ou un instituteur individuel deux demi-journées par semaine pour lui expliquer ce qu'il n'a pas compris et le remettre à niveau. Eureka ! Je tiens ma solution pour éviter l'enseignement spécialisé. Je prends immédiatement rendez-vous avec la directrice de l'école dans laquelle Thomas se trouve, je lui montre le rapport de la neuropédiatre ainsi que le fruit de mes recherches sur internet. Je lui demande alors comment obtenir l'aide de cette personne. En fait, je ne veux pas changer Thomas d'école pour deux raisons : la première est que je ne veux pas le mettre dans l'enseignement spécialisé et la deuxième est qu'il a trois amis auxquels il tient vraiment. Et je ne veux pas qu'il perde ses amis. Lui non plus d'ailleurs. Il ne pleure plus pour aller à l'école, il y retrouve ses amis et c'est important pour moi de pouvoir me reposer sur eux pour motiver Thomas.

Mais ma joie retombe vite : la directrice me dit que les petites écoles de village n'ont pas droit à cette option, que cette formule est encore peu développée, qu'il y a des listes d'attente d'un ou deux ans et que ce luxe est réservé aux grosses écoles. Nouvelle défaite. Ma solution miracle s'envole. Et bien entendu, elle me dit que dans l'intérêt de Thomas, elle ne renouvellera pas son inscription car ils ne pourront pas assurer ses apprentissages et qu'il faut le changer d'école. Je viens de perdre sa place et je n'ai plus d'autre solution que l'enseignement de type 8. Je suis effondrée mais je n'ai plus le choix.

La neuropédiatre nous avait conseillé l'école de Malonne, une très bonne école spécialisée de type 8. Malheureusement, celle-ci était beaucoup trop loin. Je n'aurais pas pu gérer les trajets et Thomas aurait dû aller à l'internat, chose totalement inconcevable pour moi. J'avais déjà dû envoyer deux de mes enfants à l'internat contre mon gré. Mais je n'avais pas eu le choix car ils étaient sportifs de haut niveau et je ne pouvais pas gérer les trajets et les horaires en plus de ceux de mes deux plus jeunes enfants. Alors, envoyer mon dernier petit bébé qui a tellement besoin de moi à l'internat, c'était purement impossible. Je ne voulais pas qu'il ait le sentiment que je l'abandonnais et j'aurais de toute façon mal vécu cet éloignement. Avec le recul, c'est dans cette école que j'aurais dû le mettre et j'aurais dû me débrouiller pour l'y véhiculer, peu importe les moyens utilisés. Mais voilà, j'ai pris la mauvaise décision sans avoir pris la peine d'aller la visiter. Les trajets me semblaient ingérables et l'internat n'était pas envisageable. Vous devez savoir qu'aujourd'hui, je fais 2h30 de trajet pour véhiculer Thomas à l'école. L'école de Malonne était moins loin de chez moi que celle d'aujourd'hui et je regrette sincèrement de ne pas avoir pris cette école en compte dans mes recherches. Mais le bon côté, c'est que cela m'a servi de leçon pour la suite et qu'aujourd'hui, la distance n'intervient plus dans mes décisions. Finalement, le bien-être d'un enfant n'a pas de prix et certainement pas celui de deux heures de route en trop.

A contre cœur, je contacte l'école d'enseignement spécialisé la plus proche de la maison, à quinze minutes en voiture. Il y a aussi une école près de chez mes parents, mais cette dernière accueille aussi des enfants de type 3[iii], avec un trouble du comportement. J'ai peur que Thomas soit confronté à des enfants caractériels et j'ai dès lors ignoré cet établissement, dont je n'avais de toute façon pas de bons échos. Nous prenons donc rendez-vous pour visiter l'école proche de la maison. Je réalise cette visite avec le papa de Thomas. Je suis négative avant même d'avoir franchi la porte d'entrée et je ne peux évidemment que lui trouver tous les défauts de la terre. J'écoute à peine ce que nous dit la directrice, je me souviens juste que devant mon désarroi évident, elle m'a dit que ce n'était que pour deux ans, que cela passerait vite. Elle essayait de me rassurer. Je sais maintenant que ce n'étaient que de belles paroles car les enfants qui rentrent dans cette école y restent jusqu'à leurs 13 ans. Et 99 % d'entre eux filent dans l'enseignement professionnel après, non pas parce qu'ils ne sont pas capables, mais tout simplement parce que le niveau est tellement bas qu'ils sont incapables de réussir le CEB et de récupérer ensuite le retard accumulé. Mais cela, je ne le découvrirai que plus tard.

A la fin de la visite, devant mon incapacité à me décider, le papa de Thomas, conscient que nous n'avons pas le choix et soucieux d'avoir une solution pour la scolarité de notre fils, prend les devants et confirme à la directrice que nous inscrivons Thomas. Il complète les papiers avec elle. Nous sommes au début des vacances d'été. Je quitte l'école en larmes, convaincue que cela n'ira pas, que je viens de prendre une mauvaise décision mais que je n'avais pas le choix. Thomas pleure lui aussi. Il ne veut pas perdre ses amis et ne souhaite pas changer d'école.

Il ne croit plus en lui et répète sans cesse qu'il est trop nul. J'ai beaucoup de difficultés à le rassurer et à lui redonner confiance. Heureusement, nous partons en vacances et il oublie l'école.

<u>Chapitre 4 – 1ère année dans l'enseignement spécialisé</u>

1er septembre : jour de la rentrée. Le papa de Thomas et moi accompagnons notre fils pour sa rentrée dans sa nouvelle école. Je suis ailleurs. Je ne parviens pas à m'enlever de l'esprit que je commets une erreur. Je n'arrive pas à rester attentive au discours de bienvenue de la directrice et je ne fais pas attention aux gens autour de moi. Je suis perdue dans mes pensées négatives.

L'appel commence. Thomas rejoint son rang et la seule chose qui me frappe, c'est la différence d'âge qu'il semble y avoir entre tous les enfants de sa classe. Certains sont beaucoup plus âgés que lui, c'est évident. Comment répartissent-ils les enfants dans les classes ?

Je vais sur le site internet de l'école en rentrant et je me rends compte qu'il y a aussi des enfants de type 1 (légère déficience mentale). Ceci explique sans doute la différence d'âge entre les enfants. Je m'occupe tant bien que mal et suis contente une fois arrivée l'heure d'aller rechercher Thomas pour avoir des réponses aux nombreuses questions que je me suis posées pendant la journée.

Je suis un peu en avance et je décide d'aller attendre Thomas avec les autres parents à la porte de l'école. Le parking se situe très loin de l'entrée. Seuls les enseignants peuvent se garer sur le parking intérieur de l'établissement, les parents doivent rester à l'extérieur. Nous devons alors remonter la grande allée pour arriver devant la porte de l'école. Un enseignant s'occupe de la sortie, les parents ne peuvent pas rentrer.

Comme je suis seule j'ai tout le loisir d'examiner et d'écouter les gens autour de moi. Je n'aurais pas dû. Je me rends compte que plusieurs parents viennent de milieux défavorisés. Il y a des parents qui souffrent de handicap, des personnes d'une grande vulgarité tant dans leur langage que dans leur attitude. Les premiers enfants sortent et évidemment, plusieurs d'entre eux sont grossiers, désobéissants, agressifs avec leurs parents. J'ai peur pour Thomas. Comment va-t-il gérer la cohabitation avec de tels enfants. C'est nouveau pour lui.

Thomas arrive et vu ce que je viens de vivre à la sortie de l'école, je n'ose même pas lui demander comment s'est passé sa journée. Je lui parle simplement de ce que nous allons faire en rentrant. Thomas n'a jamais aimé raconter sa journée, il sera du coup content que je ne l'interroge pas.

Le lendemain, lorsque je vois le programme hebdomadaire de Thomas dans tous les papiers à signer, je découvre qu'il n'aura droit qu'à une séance d'une demi-heure de logopédie par semaine. Je n'en ai pas encore parlé et je ne sais dès lors pas si vous savez, mais une fois un enfant dans l'enseignement spécialisé, les séances de logopédie ne sont plus remboursées par la mutualité. La logopède m'avait prévenue mais comme Thomas était habitué avec elle et comme le chemin était encore long, j'avais décidé malgré tout de continuer à le faire aller deux fois par semaine chez elle. Lorsque j'ai vu qu'il n'avait qu'une séance par semaine, je me suis félicitée d'avoir pris cette décision.

Les jours passent. Thomas commence à moins se plaindre le matin, il se prépare de lui-même, il ne pleure pas quand je le dépose à l'école, il serait même presque souriant. Tous les matins, je me gare et remonte toute l'allée qui va du parking jusqu'à la porte de l'école avec lui.

Un matin, un petit garçon arrive lorsque nous sortons de la voiture. Thomas ne s'occupe plus de moi, il court vers lui et me dit qu'il va aller avec son copain, que je ne dois pas l'accompagner. Je reste surprise et la maman de Théo (nom d'emprunt) me rejoint. Elle m'apprend qu'ils sont toujours ensemble (contrairement à Thomas, Théo raconte tout). En discutant avec elle, je me rends compte qu'ils sont pareils et il est par conséquent logique qu'ils se soient trouvés. Elle me dit alors que Théo a un syndrome autistique et que Thomas l'a sûrement. Je ne sais pas à cette époque que Syndrome autistique et autisme sont la même chose et du coup, j'en conclus que Thomas à quelques traits comportementaux similaires à ceux des autistes mais qu'il ne l'est pas.

Un vendredi de fin septembre, Thomas rentre dans la voiture en me disant qu'il a passé une super journée. Je suis évidemment surprise avec Thomas qui me dit cela en sortant de l'école. Il y a un hic ce n'est pas possible. Je lui demande alors de m'expliquer sa journée : il a beaucoup joué en classe, il a joué avec Théo dans la cour, ils ont dû courir derrière le lapin qui s'était échappé de la classe et après la récréation de l'après-midi, ils ont regardé un dessin animé ! Je comprends mieux. Comment est-ce possible ? Je lui demande alors : « Tu as quand même un peu travaillé aujourd'hui ? ». Il me répond le plus naturellement possible que non, que cette école est bien mieux que l'autre, qu'il n'y fait jamais de feuille d'exercices, que cette école est super. J'apprends aussi qu'il y a un lapin en liberté dans sa classe, que quand il fait beau la récréation dure plus longtemps et qu'il regarde souvent des dessins animés. Je comprends mieux pourquoi il n'a jamais de devoirs. Je suis dépitée et j'ai hâte de rencontrer son institutrice la semaine suivante pour lui dire ce que je pense sur cette soi-disant école et sa façon de gérer nos enfants pendant la journée.

Je me rends à cette réunion des parents en mode guerrière, avec toutes mes bombes prêtes à exploser au visage de l'institutrice. Je n'ai pas mis mon enfant dans une garderie mais dans une école, il va falloir qu'elle comprenne qu'elle est là pour lui apprendre des choses et non pas pour le surveiller et le laisser jouer du matin au soir.

Je ne vous ai pas encore décrit l'école. Les bâtiments de celle-ci sont répartis en carré, avec une cour centrale. La porte d'entrée est au milieu de la première aile. À gauche, il y a la petite salle de gymnastique et une classe. À droite, quand vous franchissez la double porte, vous arrivez dans un couloir vitré du côté de la cour de récréation. Dans cette aile se trouvent le local photocopies, le bureau de la directrice, le local informatique et le local de la logopède. Au bout de ce couloir se trouve un espace ouvert qui contient tous des bricolages réalisés par le passé par les élèves. À gauche, une nouvelle double porte s'ouvre sur l'aile suivante qui ne contient que des classes. Le couloir est également vitré et aux deux tiers de ce dernier se trouve la porte pour se rendre dans la cour de récréation. Thomas est dans la première classe de ce couloir. Au bout de cette aile, se trouve la cafétaria et la double porte pour accéder à la troisième aile, qui est similaire à la deuxième. La quatrième aile est une cour intérieure qui sert aussi pour le cours de gymnastique. C'est aussi cet espace qui sert pour les fêtes de l'école et l'accueil des enfants quand il fait mauvais.

J'arrive dans la classe de Thomas. Nous sommes deux mamans, celle de Théo et moi-même. L'institutrice me salue et nous dit que nous pouvons commencer, qu'aucun autre parent ne sera présent. Devant notre surprise, elle nous explique la situation familiale chaotique des autres enfants et je réalise que Thomas et Théo sont les deux seuls enfants dans cette classe à avoir un parcours familial « classique », avec des parents qui s'en occupent tous les jours. J'ai de la peine pour ces autres enfants et je me dis que ce ne doit certainement pas être facile tous les jours pour cette jeune institutrice ; Etant donné que les autres élèves vivent dans des homes et sont livrés à eux-mêmes, elle n'est certainement pas juste une institutrice mais sans doute aussi une oreille attentive, une éducatrice et peut-être même une maman de substitution pour certains d'entre eux.

Je regarde autour de moi et j'ai l'impression d'être dans une ludothèque, pas dans une classe d'école. L'institutrice commence à expliquer le mode de fonctionnement de la classe, sa méthode de travail et elle nous montre les jeux qu'elle utilise pour que les enfants apprennent à lire sans qu'ils ne se rendent compte qu'ils travaillent. Il y en a beaucoup de différents, mais au premier coup d'œil il me semble tous très ludiques. Je réalise alors que quand Thomas joue en classe, il apprend en fait à lire et du coup, il le fait sans rouspéter et sans avoir l'impression de travailler, d'être à l'école. Il est du coup beaucoup moins réfractaire. L'institutrice me désigne deux ou trois jeux que Thomas aime beaucoup. C'est plutôt malin. Je range ma première bombe...

Nous voici arrivées au lapin. Elle nous explique que les enfants sont différents ici et que l'animal leur fait le plus grand bien. Elle essaie de les responsabiliser en les obligeant à fermer la barrière à l'entrée de la classe (une barrière de sécurité comme pour les bébés) pour que le lapin ne s'échappe pas (évidemment, il y a des oublis et c'est ce qui est arrivé le jour où Thomas a dû courir derrière le lapin), ils doivent le nourrir et lui donner à boire à tour de rôle, nettoyer sa cage avec l'institutrice, … Elle nous dit qu'elle entend souvent les enfants se confier au lapin quand ils s'en occupent et que cela lui permet de mieux les aider. Vous imaginez bien que les enfants qui sont dans un home sont en manque d'affection et qu'un animal de compagnie peut avoir un effet bénéfique sur ces enfants. Cette idée me paraît excellente. Je trouve que cette institutrice accorde beaucoup de place au bien-être des enfants de sa classe et tout naturellement, je range ma deuxième bombe. Aussi jeune soit-elle, cette institutrice semble vraiment savoir ce qu'elle fait et donner le meilleur d'elle-même pour nos enfants.

Enfin arrive le sujet des dessins animés. Elle nous dit que la meilleure façon de motiver un enfant est de le récompenser lorsqu'il fait quelque chose de bien, pour l'inciter à faire les choses correctement. Les enfants ici ont du mal dans leurs apprentissages et sont inévitablement vite découragés. Elle ne veut pas qu'ils renoncent et par conséquent, quand ils s'appliquent bien, ses élèves ont le droit de regarder un dessin animé en fin de journée. Je dois une nouvelle fois lui donner raison. J'utilise aussi les récompenses à la maison pour obtenir ce que je veux de Thomas, je ne vais évidemment pas la blâmer pour cela.

Sa méthode a l'air de fonctionner puisque Thomas va avec plaisir à l'école et d'après elle, il a déjà évolué depuis le début de l'année. L'avantage de n'être que deux mamans à la réunion, c'est que nous pouvons poser des questions sur nos enfants. L'institutrice nous fait aussi spontanément de nombreux commentaires sur nos enfants et je dois bien admettre qu'elle semble avoir très bien cerné Thomas.

Je repars dès lors sereine de cette réunion des parents, je suis complètement rassurée. Je décide de lâcher prise et de laisser l'année se passer, je ferai le bilan en juin. D'autant plus qu'au bout de quelques semaines, la logopède me dit que la lecture va vraiment mieux, que Thomas progresse bien. Il est beaucoup moins nerveux, il dort mieux, il me semble mieux dans sa peau. Il est presque content d'aller à l'école, je n'ai plus jamais de crise de larmes le matin quand je le dépose et quand Théo est là, je ne dois pas l'accompagner.

L'année se termine, je n'ai plus eu de souci avec mon fils. À la remise des bulletins, j'ai des éloges sur Thomas, qui a bien évolué, qui est un très chouette petit garçon, qui a un vocabulaire riche et relevé pour son âge. Thomas n'a toujours pas récupéré confiance en lui à ce moment-là, il n'a fatalement pas voulu assister à la réunion avec moi de peur d'éventuelles critiques et il me faut aller le rechercher dans la cour lorsque je sors de la réunion avec son institutrice. Je le vois jouer sur les blocs et sur le portique qui se trouvent dans cette cour. Je dois l'appeler deux fois avant qu'il ne vienne, il joue tellement qu'il ne réalise même pas que je suis là. Je me réjouis de lui rapporter les paroles de son institutrice et je lui dis que je suis fière de lui ! Je fais mouche, il y a des étincelles dans ses yeux et il me demande alors si je suis sincère, si je suis vraiment fière de lui, s'il n'est finalement pas si nul que cela. Je le rassure et pour la première fois, j'ai le sentiment d'avoir finalement trouvé une meilleure école que ce que je n'avais pensé. Thomas s'y sent bien, il sait lire (hormis les sons compliqués) et il est beaucoup moins anxieux. Je vais pouvoir profiter des congés d'été, je suis apaisée. À la fin de l'année prochaine, Thomas pourra

réintégrer l'enseignement général. Enfin,
c'est ce que je crois…

Le centre d'intérêt de Thomas change à nouveau : au revoir les pirates, bonjour les chevaliers, Napoléon et les Anglais. Cela fait du bien d'entendre un peu autre chose que Peter Pan et Capitaine Crochet. Il pourrait visiter le Lion de Waterloo toutes les semaines. Lorsqu'il y est allé avec son papa, il était le seul enfant à écouter toutes les explications dans le musée. La révolution de 1815 le passionne. Nous habitons à Ligny et Napoléon fait partie de l'histoire du village. C'est en effet la dernière bataille avant la célèbre de Waterloo. Un programme spécial de festivités est prévu dans le village début juin pour le bicentenaire. Thomas pourra du coup profiter de toutes les activités liées à cet événement dans quelques mois.

Nouvelle rentrée début septembre et changement complet de décor :

l'institutrice de Thomas est âgée et beaucoup moins motivée. Elle travaille de façon traditionnelle, avec très peu de jeux. Thomas apprend à nouveau avec des feuilles et non plus en jouant. Le lapin est bien entendu resté dans la classe de l'ancienne institutrice. Il lui manque, il s'était habitué à un animal en classe. Du coup, Thomas est à nouveau moins motivé pour aller à l'école. Sa classe ressemble un peu trop à ce qu'il a connu par le passé et après avoir découvert une autre méthode l'année précédente, il a beaucoup de mal à revenir en arrière.

En plus d'une méthode plus traditionnelle, cette institutrice semble ouvertement préférer s'occuper des filles que des garçons, elle a beaucoup moins de patience que sa collègue. Bref, la situation redevient à nouveau compliquée pour Thomas, il se plaint, il n'a plus envie d'y aller. Son anxiété augmente vite et il est à nouveau dans un état de stress important.

Lors de mes rencontres avec cette institutrice, elle critique presque tout chez Thomas, hormis son vocabulaire relevé pour son âge. Pour le reste, il est asocial, trop nerveux, ne tenant pas en place, il est difficile à gérer et ne veut pas travailler. À une réunion, en ayant assez d'entendre toutes ses critiques, je lui demande de m'expliquer pourquoi les autres n'ont pas de souci avec lui et pourquoi elle a autant de difficultés. Fatalement, ma remarque ne lui plait pas, elle se braque et le dialogue sera définitivement rompu à partir de ce jour-là.

Je décide de prendre rendez-vous chez une kinésiologue qu'une connaissance m'a conseillé. Elle a fait des miracles avec son fils. J'obtiens un rendez-vous rapidement et je m'y rends pleine d'espoir. J'ai du mal à gérer

Thomas et à le voir aussi mal. Je ne m'étais pas renseignée sur le déroulement d'une séance de kinésiologie, j'ai juste fait confiance à mon amie. J'explique un peu pourquoi je viens et la kinésiologue se met rapidement au travail. Je me demande ce qu'elle fait quand elle prend le poignet de Thomas en déblatérant des nombres. Mais quand elle ouvre ensuite son livre pour voir à quoi cela correspond et qu'elle fait mouche dans chaque souci qu'elle relève sur le passé de Thomas, je suis perdue. J'ai l'impression d'être chez une voyante. Je suis quelqu'un de rationnel, j'ai besoin de comprendre et fatalement, je ne comprends pas comment elle peut savoir autant de choses en tenant le poignet de Thomas. Elle me confirme que Thomas est hyper stressé, qu'elle n'a jamais vu un enfant aussi mal et qu'elle va l'aider. Mais avant de pouvoir aider Thomas, elle est obligée de lui demander s'il est d'accord.

Cela fait partie des règles de la kinésiologie. Elle lui demande s'il veut bien de son aide. Il accepte. Elle prend une pierre et lui dit qu'elle va enlever les barrières qui l'empêchent d'être heureux. Thomas se relève d'un bond (il était confortablement allongé dans un fauteuil) et lui interdit de toucher à son système de défense qu'il a mis des années à construire. La kinésiologue repose sa pierre, lui dit qu'elle ne fera rien et m'annonce qu'elle ne va pas contre une demande d'un patient et qu'elle ne peut par conséquent rien faire. Je suis dépitée… Mais suis bien obligée d'accepter. Je la remercie quand même et je repars. Même si je n'ai pas compris ce qu'elle faisait, je suis certaine qu'elle aurait pu aider Thomas cependant, je n'essaie pas de le convaincre, je sais que c'est peine perdue. Thomas ne cèdera pas. Il restera du coup encore un moment hyper nerveux. Et cela ne l'aidera évidemment pas dans ses apprentissages.

Revenons-en à l'école : ce qui me tracasse encore plus que l'attitude de l'enseignante de Thomas par rapport à lui, c'est le niveau des feuilles qu'elle donne à Thomas. J'ai déjà trois enfants et je sais plus ou moins ce qu'ils ont vu chaque année, j'ai d'ailleurs gardé les cours de ma fille, qui a 6 ans de plus. Thomas fait des feuilles du niveau de première primaire. Nous sommes à la fin de sa deuxième année dans cette école et il est toujours en train de voir de la matière de première année primaire. C'est simple : il a perdu deux ans par rapport au cursus normal. Je suis inquiète et dépitée. Comment vais-je faire pour remettre mon fils dans l'enseignement général ? On ne peut redoubler qu'une année en primaire et je ne peux pas le mettre en troisième primaire, il serait incapable de suivre. De plus, il va se retrouver avec des enfants beaucoup plus jeunes et ne récupérera pas ses amis. Il va à nouveau se sentir rabaissé. Pour moi qui ne sais pas ce qu'est un échec à l'école, savoir que mon fils accumule du retard est une catastrophe.

Je décide de faire part de mes inquiétudes à la directrice (qui a changé entre-temps). Celle- ci me dit qu'un enfant qui arrive dans l'enseignement spécialisé y fait tout son cycle de primaires et ne retourne jamais dans l'enseignement général au cours de ce cycle. Généralement, ils n'ont pas leur CEB en sortant de cette école, mais ils peuvent aller dans une école secondaire général en première spécialisée, où ils essaieront de récupérer leur retard. Elle m'explique que le PMS fait passer des tests aux enfants lors de leur dernière année dans cette école et qu'en accord avec le corps enseignant, le PMS propose des écoles potentielles aux parents pour faciliter leur choix. Elle ajoute que si

Thomas a réellement les capacités dont je parle, il sera d'office aiguillé dans ce type d'enseignement. Son discours sonne faux.

J'ai l'esprit mathématique, j'ai besoin de chiffres. Je lui demande alors quel pourcentage d'enfants de son école vont en première spécialisée de l'enseignement secondaire général et non pas en section professionnelle ou technique ou dans une école secondaire d'enseignement spécialisé. Elle essaie de ne pas fournir de chiffre en me disant que le PMS gère cela. Je lui rappelle qu'elle vient de me dire que c'est en accord avec le corps enseignant que cette proposition est faite aux parents et qu'elle sait très certainement me donner cette information, même si elle n'a pas accès au choix final effectué par les parents. Je ressens son malaise, je sens que ma question dérange et elle essaie de changer de sujet, elle tourne en rond pour ne pas me donner ce chiffre. Elle me connait mal, je ne sortirai pas de son bureau sans sa réponse même si je pense connaitre ce pourcentage. Je suis certaine qu'il n'y a aucun enfant qui retourne dans l'enseignement général vu le niveau excessivement bas de cette école. L'institutrice de l'an dernier était une exception. Maintenant, Thomas a une institutrice qui reflète le vrai niveau de l'école : il n'apprend plus rien.

Au bout de quelques minutes, je perds patience. Je commence à être plus ferme. Je lui dis que je n'ai pas besoin d'un chiffre précis mais d'une estimation. Je lui demande si elle comprend ma question. Je la provoque dans mes dires. Je commence à l'énerver et elle finit par avouer que l'an dernier, il n'y en a eu aucun. Ils sont un peu moins de cent élèves dans cette école, je ne sais pas combien ont eu treize ans l'an dernier et ont dès lors quitté l'école, mais aucun n'est retourné dans l'enseignement général. Sur leur page internet, ils affirment pourtant qu'ils collaborent avec le grand collège réputé de la même ville, une toute bonne école. Quel mensonge !

Je suis dépitée. Cela fait deux ans qu'on me ment. Cette école jette de la poudre aux yeux des parents avec son site internet mensonger. Je prends conscience que mon fils est condamné à n'avoir aucun diplôme, non pas parce qu'il est incapable, mais tout simplement parce que j'ai fait le choix de l'inscrire dans une école qui ne lui apprendra jamais rien.

Je m'en veux, je l'avais pressenti mais je n'ai quand même pas agi. J'ai laissé faire et je suis maintenant prise dans l'engrenage. Je ne peux que m'en prendre à moi-même. Comment vais-je faire pour ne pas boycotter l'avenir de Thomas ? Il est plein de ressources, il est intelligent, il mérite de pouvoir choisir sa voie pour plus tard. Il ne doit pas faire des choix par défaut, faute d'avoir eu le niveau d'instructions requis pour des études supérieures. Thomas adore l'Histoire, les sciences, il déteste avoir les mains sales, son institutrice l'an dernier m'avait dit en souriant que la facture d'eau de l'école allait doubler tellement Thomas se lavait les mains. Il est maladroit. Il n'aime pas goûter ce qu'il ne connaît pas et mange très peu varié. Quel métier pourrait lui convenir dans l'enseignement professionnel. Je respecte autant un manuel qu'un universitaire et je n'empêcherai jamais Thomas de d'exercer une activité manuelle si c'est son choix, mais aujourd'hui, je ne le vois dans aucun d'eux. Je peux juste l'imaginer historien ou scientifique. Et pour cela, il lui faut un enseignement correct avec des diplômes donnant un accès à des études supérieures. Vu où il en est aujourd'hui dans son apprentissage scolaire, je ne peux décemment pas envisager un quelconque diplôme pour Thomas. Je ne vois pas comment il pourrait entreprendre un jour des études supérieures avec un niveau d'enseignement aussi bas.

L'année se termine et je suis coincée, je n'ai pas d'autre choix que celui de réinscrire Thomas dans cette école pour l'année suivante.

Mais je suis déterminée. J'ai fait une erreur en l'inscrivant ici, je vais devoir me démener pour l'en sortir ! Je ne sais pas encore comment, je ne sais pas encore quand, mais je sais qu'un jour, mon fils aura son CEB et ira dans l'enseignement secondaire général.

Chapitre 6 – 3ème et 4ème années dans l'enseignement spécialisé

Je n'aborderai que brièvement la troisième année car je n'en ai pas beaucoup de souvenirs. L'école a choisi de mettre Théo et Thomas dans des classes différentes car ils sont beaucoup trop fusionnels Par conséquent, Thomas perd son pilier en classe, ce qui le motive encore moins à se rendre à l'école.

Le nouvel instituteur est jeune et bien plus attentif à Thomas que l'enseignante de l'année précédente mais malheureusement, le niveau scolaire de mon fils n'évolue pas ou très peu. Il continue à accumuler du retard, cela en devient vraiment inquiétant. Ce jeune instituteur est très gentil mais il manque d'expérience. Ce n'est pas facile de gérer des enfants dans l'enseignement spécialisé et Thomas fait ce qu'il veut. L'année ne se déroule ni bien ni mal, je ne me souviens pas de problème majeur, si ce n'est qu'en fin d'année, il sera toujours au même niveau qu'en début d'année. Thomas en est à sa troisième année dans cette école et il n'a toujours pas fait de conjugaisons par exemple, alors qu'il a passé la moitié du cycle des primaires. Je réalise de plus en plus à quel point le retard va être important et je me demande vraiment quel sera l'avenir de mon fils s'il reste dans cette école.

L'année suivante Thomas a un nouvel instituteur. Ce dernier est dans l'école depuis plusieurs années et j'espère que cela ira mieux que l'année précédente.

Malheureusement, ce ne sera pas le cas. Il y a une belle continuité d'une année à l'autre dans le manque d'évolution, c'est ahurissant. La seule chose qui a évolué, c'est le nouveau centre d'intérêt de Thomas : exit Napoléon et les Anglais, maintenant il est passionné par la Première Guerre mondiale, le débarquement de

Normandie et les Américains qui nous ont sauvé des Allemands. J'ai droit aux émissions « C'est pas sorcier » en boucle.

Mais le fait que Thomas n'apprenne rien n'est pas ce qui me perturbe le plus cette année. En effet, vu sa différence, Thomas devient le bouc émissaire dans la cour de récréation. Il y a des jumeaux dans une autre classe qui décident de lui pourrir la vie.

Thomas est un solitaire. Il s'est disputé avec Théo en début d'année et tous deux refusent de faire la paix. J'ai eu beau lui parler, la maman de Théo a fait de même avec son fils, nous ne sommes arrivées à rien. Ils ne veulent plus entendre parler l'un de l'autre. Et comme Théo était le seul garçon avec lequel Thomas jouait, il se retrouve tout seul à toutes les récréations. De plus, Thomas n'a aucun second degré, il prend évidemment toutes les provocations (même humoristiques) à la lettre et réagit au quart de tour. Il devient une proie facile pour les autres élèves qui veulent s'amuser et ces derniers s'en donnent à cœur joie.

Chaque fois que j'arrive en retard pour le récupérer, je le retrouve tout en haut du portique, seul, l'air triste. Il me fait de la peine et je ne sais plus comment l'aider.

Thomas n'en peut plus, et moi, je n'en peux plus de le voir comme cela. J'alerte à plusieurs reprises l'école, j'alerte son instituteur, la dame de la garderie, la directrice. Rien ne change.

Je n'arrive plus à calmer Thomas, à le raisonner. Il devient de plus en plus agressif dans ses paroles, il pleure de rage, il est hors de lui, il devient difficile aussi à la maison, il n'arrive plus à évacuer son stress accumulé à l'école. Il me dit qu'un jour, il les étranglera, il veut faire appel à ses grands frères pour tuer les jumeaux qui le harcèlent dans la cour. Thomas ne supporte pas l'injustice et pour lui, l'attitude des jumeaux et surtout, le manque de sanction à leur égard est tout bonnement injuste. Il en veut à la terre entière et exige que l'on fasse justice nous-mêmes.

Je prends rendez-vous en urgence chez une neuropsychologue parce que je me sens impuissante et je n'arrive pas à gérer les crises dans lesquelles Thomas se met. Je retourne voir la directrice qui me jette presque de son bureau et qui me dit d'un air détaché qu'elle fera passer le message. Je comprends à son attitude qu'elle ne fera rien et ce n'est pas acceptable pour moi.

Thomas ne va plus à l'école le vendredi après-midi parce que la neuro-psy ne sait pas le prendre à un autre moment. J'ai accepté de mettre ses rendez-vous pendant l'école pour le motiver. De toute façon, il ne ratera rien en n'y allant pas. Je fais du chantage. Je

lui dis que pour que la psy puisse
l'aider, il doit la laisser l'aider. Sans cela,
on arrête les séances et il retourne à
l'école le vendredi après-midi. Je n'ai pas
envie de revivre le même épisode que
chez la kinésiologue et je sais qu'il est
tout à fait capable de me refaire le coup.
Mais comme il préfère clairement aller
chez la psy qu'à l'école, il comprend très
vite où est son intérêt. Il a besoin d'aide
et je dois utiliser toutes les cartes à ma
disposition pour le motiver.

Heureusement, cette neuro-psy cerne
très vite Thomas. Au lieu de faire les
séances dans son bureau, elle prend le
chien de ses parents (son cabinet est
dans la maison familiale) et ils vont se
promener dans le bois. Thomas adore les
balades dans la forêt. Et il adore les
chiens. Grâce à cela, il se livre très
facilement, son attention étant attirée sur
la nature et bien entendu, sur le chien. Il
répond à de nombreuses questions sans
réfléchir.

Le harcèlement continue à l'école, les jumeaux redoublent leurs efforts et Thomas rentre un jour avec son bonnet en deux morceaux. Je craque, cela suffit. J'envoie un courrier à la direction par lettre recommandée en menaçant de porter plainte contre l'école pour non-assistance à un enfant harcelé dans la cour de récréation. J'envoie les photos du bonnet, histoire qu'on ne puisse plus me dire que le surveillant n'a rien remarqué de particulier. Ils ne pourront plus nier. Je précise également que ce sont à nouveau les jumeaux qui se sont mis à deux sur lui et que j'imagine que cette fois-ci, la personne qui surveillait a dû remarquer quelque chose vu l'état du bonnet. On ne déchire pas un bonnet en 2 secondes… Je sais que je viens de jeter un boomerang et que je vais avoir un retour en flèche. Mais je m'en fiche. De toute façon, s'ils ne veulent plus de Thomas à l'école, il ne perdra rien. Cette école ne vaut rien. Les enfants n'y apprennent rien et en plus, on les laisse se détruire entre eux.

Je suis évidemment convoquée quelques jours plus tard par la directrice. Elle veut organiser une réunion pour discuter de mon courrier, sans plus de détails. Je me libère directement à la date proposée, curieuse de voir ce qu'elle va me dire. Le papa de Thomas a reçu la même convocation, je l'avais informé de ma démarche. Malheureusement, il ne peut pas être présent à cause d'obligations professionnelles.

Je suis surprise de voir sept personnes autour de la table lorsque je rentre dans le bureau de la directrice. Madame n'a pas osé me recevoir toute seule. Ou elle a sorti l'artillerie lourde pour essayer de m'impressionner. C'est raté. J'ai fait des présentations devant des auditoires de médecins dans le cadre de mon activité professionnelle, ce ne sont pas sept personnes autour d'une table qui vont me déstabiliser.

Il y a la directrice, l'enseignante qu'il a eu lors de sa deuxième année dans l'école, l'instituteur actuel de Thomas, deux personnes du PMS que je n'avais jamais vues, la logopède et le professeur d'éducation physique. Sept personnes contre une. Je sens très vite que la directrice a essayé de rallier tout le monde à sa cause et que certaines personnes m'accueillent le couteau entre les dents, prêtes à déverser toute leur méchanceté. Je sens que la réunion ne va pas être une partie de plaisir et que les attaques vont fuser. Thomas va être critiqué de toute part et je vais devoir prendre énormément sur moi pour ne pas m'énerver et leur dire à tous leurs quatre vérités sur leur incompétence à apprendre aux enfants, tant au niveau scolaire qu'au niveau comportemental.

La directrice me demande quand arrivera le papa de Thomas. Je lui signale qu'il ne viendra pas pour raisons professionnelles mais qu'il est d'accord avec moi et me laisse gérer pour nous deux. Elle essaie alors de reporter la réunion mais heureusement les psychologues du PMS interviennent en disant qu'on peut faire une première réunion, donner le compte-rendu au papa afin qu'il puisse encore faire ses commentaires par la suite.

La directrice est obligée d'accepter et la réunion commence. Cette directrice me dit ne pas comprendre ma lettre. Je lui réponds qu'elle me semblait pourtant fort claire, écrite en bon français et lui demande dès lors ce qu'elle n'a pas compris. J'utilise un ton arrogant. Je veux qu'elle sache tout de suite que je ne me laisserai pas faire.

Elle répond à ma provocation en attaquant Thomas. Au lieu de me plaindre des autres enfants, je ferais bien de m'occuper du mien et de le faire suivre par une psychologue, car il a des troubles du comportement évidents et je suis sans doute la seule personne à ne pas le remarquer. Je lui demande de répéter, je me dis que je n'ai pas dû bien comprendre, cela fait trois mois que Thomas ne va plus à l'école le vendredi après-midi et que je rends à chaque fois un justificatif signé par la psychologue. Elle ne peut pas ne pas le savoir. Elle ne peut pas être aussi incompétente et ne pas avoir préparé cette réunion. Eh bien si, elle répète exactement la même chose. Je souris. Je lui demande si elle a un dossier sur Thomas dans son bureau et si elle peut le prendre. Elle se lève et va le chercher, sans se douter de ce qu'elle va découvrir dedans. L'instituteur de Thomas se tait, je le regarde et il me sourit. Visiblement, il veut qu'elle se ridiculise devant tout le monde. J'ai un allié.

Elle ramène fièrement le dossier et je lui demande de regarder les justificatifs d'absence des 3 derniers mois et surtout, de regarder le titre de la personne qui les a signés. Elle devient écarlate et bien entendu, comme je suis mauvaise, je ne peux pas m'empêcher de lui dire qu'une bonne directrice aurait pris la peine de lire le dossier de l'élève concerné avant une réunion avec ses parents mais que visiblement, son incompétence est encore bien plus profonde que ce que je ne pensais.

Evidemment, elle vient de perdre beaucoup de crédit auprès des autres personnes autour de la table. La réunion continue, et à la fin de celle-ci, seules la directrice et l'enseignante de l'année précédente restent contre ma démarche, toutes les autres personnes la comprennent, reconnaissent que je me soucie du bien-être de Thomas et que je mets des actions en place pour qu'il aille mieux. Ma lettre n'avait pour objectif que de protéger mon enfant. Les personnes du PMS demandent pour me voir en tête-à-tête afin de discuter du cas de Thomas et de l'aider au mieux. L'instituteur promet de protéger Thomas dans la cour de récréation et son professeur de gymnastique affirme n'avoir aucun problème de comportement avec lui.

Je rencontre le PMS quelques jours plus tard. Malgré mes a priori, j'accepte ce rendez-vous. Le contact est bien passé durant la réunion et j'ai un bon pressentiment. La dame que je rencontre est charmante, elle me demande d'expliquer un peu le parcours de Thomas et d'où vient ma frustration qui se ressentait assez fort durant la réunion. Elle comprend parfaitement ma déception sur l'école et me conseille de faire passer des tests cognitifs et un test de QI à Thomas. Elle veut bien le faire elle-même mais selon elle, si le contact passe bien entre Thomas et la neuropsy, il est préférable que ce soit cette dernière qui lui fasse passer ces tests. Thomas sera plus à l'aise et du coup, dans de meilleures dispositions.

J'en parle immédiatement à la neuropsy qui estime Thomas suffisamment serein pour passer ses tests mais me propose toutefois de les lui faire passer en trois fois pour qu'il s'applique durant l'entièreté de ceux-ci afin qu'ils soient les plus fiables possibles. Nous commençons dès la semaine suivante.

Je vous passe tous les détails techniques, mais la conclusion est que Thomas souffre d'un déficit de l'attention avec hyperactivité. Il est à haut potentiel. Mais le plus important à mes yeux est le conseil que la neuropsy va me donner : Thomas perd son temps dans cette école, il ne s'y sentira jamais bien, il faut que je le change. Quand je lui parle du retard accumulé, elle me dit qu'en un an, il récupérera tout vu les capacités qu'il a. Elle me donne les coordonnées d'un centre qui donne des cours de rattrapage mais après avoir pris mes renseignements, il s'avère que ce centre n'est pas fait pour Thomas. Il lui faut quelque chose en individuel. Mais ce n'est rien, pour la première fois, une professionnelle me donne raison et me conforte dans l'idée que j'ai depuis quatre ans. C'est le plus important pour moi.

Ce sera le début de mon raisonnement pour le retirer de l'école. La fin de l'année scolaire est là, je renouvelle l'inscription de Thomas mais ma décision est prise : c'est la dernière fois que je le réinscris. Je ne sais pas où il sera l'année suivante mais il ne sera plus dans cette école. J'ai un an pour trouver une solution et je vais la trouver ! Je suis tellement inquiète pour l'avenir de mon fils et je ne veux pas le boycotter. Il faut qu'il ait la liberté de choisir un métier qui lui plaît et à cette fin, il doit apprendre. Il y a certainement un moyen de le faire quelque part, il suffit que je le trouve...

Chers lecteurs, peut-être que certains d'entre vous trouveront mon attitude contre-productive. Si c'est le cas, je tiens juste à mentionner que durant toute la scolarité de Thomas, j'ai tellement dû me battre, j'ai rencontré si peu de personnes prêtes à simplement essayer de comprendre ma situation et celle de mon enfant, à essayer de comprendre ce que Thomas pouvait ressentir et surtout comment il fonctionnait, qu'au fur et à mesure de ces rencontres avec le corps enseignement, j'ai accumulé énormément de déception et de frustration et je n'ai eu d'autre choix que celui de me battre, de me défendre et parfois même d'attaquer verbalement les professionnels, simplement pour être entendue. Je trouve cela triste et sachez que j'aurais sincèrement préféré ne pas devoir en arriver là, mais l'avenir de mon enfant n'a pas de prix et je suis une battante, j'utilise par conséquent les moyens dont je dispose pour arriver à mes fins.

Chapitre 7 – 5ème année dans l'enseignement spécialisé

Nouvelle rentrée. Thomas se retrouve chez un instituteur plus expérimenté, très grand, impressionnant. Je suis déçue, négative, car l'année précédente, Thomas a eu un souci avec cette personne à la sortie de l'école. Cet instituteur obstruait le passage et Thomas l'avait légèrement bousculé en essayant de voir si j'étais déjà là pour le reprendre. Thomas était toujours impatient de quitter l'école. Cet instituteur n'avait pas voulu écouter ce que Thomas avait à lui donner comme explication, il s'était contenté de le réprimander de façon excessive à mon goût. Je me dis que l'année va une nouvelle fois être longue.

En plus de ses consultations chez la neuropsychologue, Thomas fait du neurofeedback optimal[iv] une fois par semaine. C'est un psychologue qui lui dispense les séances mais comme Thomas doit juste regarder la télévision pendant la séance, nous avons tout le loisir de discuter ensemble. Ce psychologue, qui est un ami d'enfance, et dont le petit garçon souffre d'un handicap, me conseille d'essayer d'obtenir une adaptation de l'horaire de Thomas, afin de pouvoir le garder un jour par semaine à la maison pour lui donner cours moi-même. Même s'il faut normalement choisir entre l'enseignement à domicile et l'enseignement dans un établissement scolaire, d'après lui, des adaptations sont toujours possibles dans l'enseignement spécialisé. Surtout si j'explique clairement ma démarche et que je collabore avec l'instituteur de Thomas pour coordonner notre travail. Cette solution me semble excellente. Je vais essayer d'en discuter avec la directrice car c'est la meilleure option à mes yeux. Thomas garderait un contact social au sein de l'école et il évoluerait dans ses apprentissages scolaires à la maison.

En déposant Thomas le lendemain matin je frappe à la porte de la directrice et je lui demande si elle aurait une demi-heure à me consacrer pour discuter de Thomas dans les prochains jours. Elle me propose de le faire directement. C'est encore mieux, je vais être fixée tout de suite.

Je lui parle des résultats des tests cognitifs de Thomas, que j'avais d'ailleurs transmis entretemps au PMS et à l'école, et des conseils du deuxième psychologue pour un enseignement en alternance à l'école et à la maison, solution qui me semble excellente pour pallier au retard de Thomas tout en ne l'isolant pas encore un peu plus dans sa bulle.

Elle est tout à fait contre, elle me dit que les enfants ne viennent pas à la carte dans son école. Selon elle, je dois choisir entre l'enseignement à domicile ou l'enseignement dans un établissement. Quand je lui expose le cas du garçon du psychologue, elle me dit que c'est un drôle d'arrangement et que ce n'est pas légal. Vive l'ouverture d'esprit ! Ne peut-elle pas pour une fois penser à l'intérêt de l'enfant au lieu de se montrer aussi rigide ?

Je n'insiste pas, je sais qu'elle ne cèdera pas. Je décide de ne pas perdre plus de temps. Cette nouvelle solution qui me convenait sincèrement m'est refusée mais c'est comme cela. De toute façon, c'est à elle de décider et vu le ton et le vocabulaire utilisés, il est évident qu'il n'y a aucune place pour l'argumentation ni la négociation. Sa décision est sans équivoque. Je ne comprendrai définitivement jamais la vision des choses dans cette école. Depuis que Thomas la fréquente, je n'ai jamais eu le sentiment qu'à un seul moment, une quelconque décision ait été prise dans l'intérêt d'un enfant. On se contente de suivre les règles tel un bon petit fonctionnaire. Comme c'est triste !

Il y a quand même un peu de positif en ce début d'année scolaire. Thomas a des devoirs et des leçons. Il a des contrôles. Il commence enfin à faire de la conjugaison (il a 11 ans, il était temps). Je vois sincèrement du changement dans le contenu des cours, une évolution. Il a des dictées chaque semaine, somme toute pas très compliquées mais au moins, il apprend un peu d'orthographe.

Malheureusement, au niveau du mal-être de Thomas, c'est le statut quo. Il déteste l'école. Selon lui, il faut que j'aille trouver son instituteur car certains enfants l'ennuient et ils doivent être sanctionnés. Ce n'est pas juste de ne pas les punir à chaque fois qu'ils lui font du mal. Son éternel sentiment d'injustice reprend une fois de plus le dessus. J'essaie de le raisonner, je lui dis que j'en discuterai avec Monsieur à la prochaine réunion des parents, que je suis déjà allée souvent à l'école et qu'il doit aussi apprendre à ne pas répondre à la provocation, à ignorer ces enfants qui finiront par se lasser et arrêteront du coup de l'embêter. Je lui cite quelques exemples dans son comportement qui sont loin d'être parfaits, que lui aussi a des choses à améliorer et des efforts à faire et que tout ne lui est pas dû. Qu'il doit aussi y mettre un peu du sien. Que l'effort doit venir des deux côtés et qu'il doit arrêter de continuellement se poser en victime. La situation n'évoluera jamais s'il continue à se comporter comme aujourd'hui. Ma réponse ne lui plait évidemment pas, du coup, Thomas s'en va en me répétant que le rôle d'une vraie maman est de défendre son enfant et que je ferais bien de ne pas l'oublier…. C'est tellement plus facile d'essayer de me prendre par les sentiments en me faisant culpabiliser. Mais je ne céderai pas.

Thomas a beaucoup trop tendance à se victimiser et je voudrais qu'il comprenne que son attitude n'est pas parfaite et que pour que les choses changent, il doit aussi changer, mais je n'arrive jamais à aller au bout de ce genre de discussions. Il faut toujours tout justifier, tout expliquer, il revient avec des choses qui se sont passées des années auparavant, il a toujours une « pièce à mettre au trou » et surtout, il refuse de reconnaître qu'il peut avoir des torts.

La fin du premier trimestre arrive et je rencontre individuellement le professeur de mon fils pour la remise du bulletin. Je n'ai pas eu de contacts avec lui depuis le début de l'année et je ne sais absolument pas ce qu'il pense de Thomas. Je ne sais pas vraiment à quoi m'attendre en entrant dans la classe.

Après les salutations de rigueur, nous feuilletons le bulletin de Thomas ensemble. Je suis surprise de voir un 10/20 en calcul alors que c'est le point fort de Thomas. Je ne vous ai pas dit, mais à une époque, lorsque nous étions en voiture, Thomas s'amusait à calculer ce qu'il fallait ajouter ou retirer aux 3 derniers chiffres des plaques d'immatriculation pour obtenir le nombre 888. Par après, il est allé encore plus loin ; Il retenait tous les numéros de téléphone qu'il voyait lors de nos trajets en voiture (numéros sur les camions, sur des publicités, …). En rentrant, il additionnait ces numéros à des nombres et pouvaient faire ainsi des dizaines de pages de calcul. Je ne devais même pas penser en jeter une. Il avait plusieurs centaines de pages mais il fallait toutes les garder.

Je ne comprends pas ces mauvais points et je demande alors à l'instituteur s'il peut m'expliquer. Il sourit et me dit :

« Oui, bien sûr, je ne dois même pas reprendre son contrôle, je sais parfaitement pourquoi les points ne sont pas bons, Thomas ne vous a pas raconté ? ». Je regrette presque d'avoir posé la question, j'imagine aisément que mon fils a encore fait quelque chose qu'il n'aurait dû…. Je vous rapporte la scène telle qu'elle m'a été expliquée. Thomas a un contrôle en calcul. Au bout de 5 minutes, il se lève et se dirige avec sa feuille vers l'instituteur en lui disant qu'il a fini. En regardant la feuille, l'instituteur constate que Thomas n'a complété que la moitié des exercices. Il lui rend alors la feuille en lui demandant de retourner s'asseoir et de terminer les exercices qu'il n'a pas encore faits. Evidemment, mon petit garçon a de la répartie. « Pas besoin Monsieur j'ai tout bon à ceux que j'ai faits » répond fièrement Thomas. L'instituteur vérifie et effectivement, il a tout bon. Il lui fait quand même remarquer que même en ayant tout bon, il n'aura que cinq sur dix. Mais Thomas a toujours un argument dans sa poche quand il ne veut pas faire quelque chose. Il lui demande alors si le but d'un contrôle est bien de vérifier que les élèves ont compris la matière. Monsieur acquiesce. « Donc si j'ai tout bon aux cinq premiers, vous savez que j'ai compris, pas besoin de faire les cinq suivants. L'important, ce ne sont pas les points, on s'en fiche, l'important, c'est que j'ai compris », rétorque Thomas. Et comme si cela ne suffisait pas, il ose encore ajouter : « Donc, la prochaine fois, mettez moins d'exercices au contrôle, nous ne perdrons plus notre temps à faire des exercices inutiles et vous, vous perdrez moins de temps à corriger ! »

L'instituteur m'explique tout cela avec le sourire. Je souris également, je reconnais tellement mon Thomas. L'instituteur me dit qu'il n'a pas pu le convaincre parce que sur le fond, il avait raison. Il ne voyait pas trop quels arguments lui donner pour l'obliger à terminer sa feuille.

Il me regarde d'un air compatissant et me dit que je ne dois pas avoir facile tous les jours avec Thomas parce qu'il a eu l'occasion de remarquer que celui-ci avait toujours une bonne excuse pour ne pas faire ce dont il n'avait pas envie et que très souvent, ses arguments tenaient largement la route. Il a raison, mais je n'ai pas envie de changer Thomas à ce niveau-là.

Nous parcourons en vitesse le reste du bulletin. L'instituteur me dit que le bulletin de Thomas n'a pas vraiment d'importance et qu'il voudrait me parler d'autre chose. Les points ne reflètent pas spécialement les capacités de Thomas qui vaut bien plus que les points mais qui met beaucoup de mauvaise volonté à faire ses feuilles. Il préfère aborder un autre sujet.

J'ai instantanément une boule au ventre. Je me demande quelles critiques je vais encore devoir entendre. Fatalement, le courant ne peut pas passer, il n'a sûrement pas essayé de comprendre Thomas et a voulu imposer son point de vue. Il y aura certainement eu pas mal de dérapages.

Eh bien, quelle idiote je suis, comme je me suis trompée sur cette personne. Ce grand monsieur sévère est en fait un vrai gentil, rempli d'humanité, d'empathie et d'attention pour Thomas, d'une très grande sensibilité. Il a complètement cerné mon fils, il a essayé de l'apprivoiser, il m'explique comment il essaie de le motiver pour travailler, comment il essaie de gérer les conflits que Thomas a avec les autres enfants de la classe et comment il essaie de le consoler quand il est en souffrance.

Mais le plus important est la conclusion qu'il tire des premiers mois avec Thomas dans sa classe : votre fils s'ennuie dans ma classe, il n'a rien à faire dans cette école, il est trop intelligent, il ne s'entendra jamais avec les autres enfants parce qu'il ne pourra jamais les comprendre et inversement. Il me dit que je dois absolument le changer d'école et qu'il veut bien se renseigner de son côté pour essayer de trouver une école qui lui correspondra parce qu'il est évident qu'il perd son temps ici.

Je suis estomaquée, je sens l'émotion qui monte et j'ai peur qu'elle ne prenne le dessus et que je sois incapable de discuter avec lui. Je respire profondément, j'essaie de me contrôler et je commence par le remercier. C'est la première fois qu'un enseignant de cette école pense comme moi. Enfin quelqu'un qui voit mon fils comme moi je le vois. Je ne suis finalement pas complètement subjective à son sujet. Comme ce que je viens d'entendre me fait du bien et me réconforte !

Il m'informe qu'il collabore avec le PMS, qu'ils vont aussi faire des recherches de leur côté et qu'ils se sont rendu compte à quel point je m'impliquais pour Thomas. Il me demande ce que j'ai déjà envisagé comme solution. Je lui dis que la seule que je vois c'est de faire l'école à la maison mais que j'ai très peur des répercussions sur sa relation avec les autres enfants, si je le coupe de contacts sociaux. Il est déjà tellement isolé, tellement dans son monde, j'ai peur que son repli sur lui ne s'aggrave et qu'il soit encore plus mal. Je n'oublierai jamais sa réponse : « Vous pensez sincèrement qu'il ne peut être plus mal que pour le moment ? Votre enfant est dans un mal-être profond, il souffre toute la journée, il lutte depuis qu'il franchit la porte de l'école jusqu'à ce qu'il reparte le soir. Madame, vous ne pouvez pas faire pire et au moins, vous pourrez le tirer vers le haut en individuel, ici il est tiré vers le bas et il est la tête de Turc des autres enfants ».

Il me promet de quand même essayer de trouver une école qui serait plus adaptée pour Thomas. Il va faire des recherches de son côté. Il ne veut plus que Thomas reste une année de plus dans cette école et il va m'aider.

Je ne remercierai jamais assez cet instituteur, il vient de me donner un électrochoc, il vient de faire sauter les derniers verrous, il vient de me donner le petit coup de fouet qu'il me manquait pour oser changer les choses pour Thomas. Je ne sais pas comment je vais m'organiser, je ne sais pas comment je vais réussir à tout gérer, je sais que je ne vais pas beaucoup dormir dans les semaines et mois qui viennent, mais ce n'est rien. Je vais faire l'enseignement à domicile en plus de mon travail à temps plein. Je suis hyperactive. Eh bien ! Je vais faire plaisir à mon hyperactivité, je vais lui donner de quoi faire. Je ne reculerai plus, je ne chercherai pas d'autres solutions, plus de fausses excuses, c'est la meilleure façon de lui permettre d'obtenir son CEB et de récupérer une grande partie de son retard. Merci Monsieur, je ne citerai pas votre nom dans ce livre, mais sachez que je vous suis sincèrement reconnaissante pour ce que vous avez fait pour Thomas. Vous n'imaginez certainement pas la portée que vos mots ont eu sur moi.

Immédiatement après mon entretien avec l'instituteur de Thomas, je me rends au PMS dans le bureau juste à côté. La psychologue est libre et me reçoit tout de suite. Je lui résume la discussion que je viens d'avoir avec l'instituteur de Thomas et elle me propose de faire passer des tests de niveau à mon petit garçon en fin d'année scolaire afin de me permettre de savoir par où commencer. Elle est convaincue que c'est la bonne solution, elle est très sceptique sur la possibilité de trouver une autre école qui lui correspondrait et surtout lui permettrait de récupérer le retard accumulé. Elle me propose de voir Thomas à plusieurs reprises pour qu'il se familiarise avec elle avant de passer ces différents tests de niveau en français et en calcul. Elle me donne aussi quelques informations et astuces pour préparer au mieux l'année à la maison.

Enfin, elle me demande où je souhaite mettre Thomas quand il aura son CEB et j'admets que c'est une bonne question, que je n'y ai pas encore pensé et que je ne sais pas. Que je ne peux fatalement pas le mettre dans un collège avec plus de mille enfants, je dois par conséquent lui trouver une petite école secondaire. Elle va aussi regarder de son côté et reviendra vers moi. Nous échangeons nos numéros de téléphone pour pouvoir communiquer plus facilement. Elle me propose aussi de rester en contact pendant l'année où Thomas fera l'enseignement à domicile. Elle pourrait alors préparer un dossier d'intégration pour faciliter sa réinsertion dans l'enseignement général.

Je suis ravie, finalement, un PMS, c'est bien utile et c'est un bon allié. Pourquoi avais-je autant de réticence ? Á aucun moment, cette personne ne m'a imposé ses idées, elle m'a écoutée, conseillée et elle va tout faire pour m'aider à atteindre mon objectif avec Thomas. Elle est là pour me soutenir, nous allons avancer ensemble et trouver la meilleure solution. Elle sera présente pendant toute l'année d'enseignement à la maison et continuera à m'aider alors que Thomas ne sera officiellement plus rattaché à son centre PMS. Elle n'a plus aucune obligation par rapport à lui. Elle agit juste dans l'intérêt de mon fils. Et surtout, le plus important, elle va me conseiller et essayer de trouver la meilleure solution pour après, car l'enseignement à domicile est une solution temporaire et mon but est clairement de réintégrer Thomas dans un établissement scolaire par la suite. Il a besoin de contacts sociaux, il a besoin d'un cadre, et de toute façon, je ne serai pas capable de gérer à long terme mon activité professionnelle et l'école à la maison.

Arrivée à la maison, je parle à Thomas, je lui explique ma discussion avec son instituteur et le PMS et fatalement, il est partant pour l'école à la maison, il ne devra plus supporter les autres enfants. Je lui dis qu'il a six mois pour réfléchir à une activité sportive ou culturelle car je veux qu'il reste en contact avec des jeunes de son âge. Il n'a pas le choix, il est obligé de faire quelque chose. Il pourra toutefois choisir cette activité extrascolaire. Cela lui va, c'est bien mieux que cinq jours à l'école. Il comprend très vite qu'à ce niveau-là, il sera gagnant. Il y aura beaucoup moins de contraintes et de conflits avec les autres.

Thomas est ravi de ma décision, il décompte les semaines, il voit le bout du tunnel, son cauchemar va s'arrêter. Il dit aux autres enfants de sa classe qu'il sera bientôt débarrassé d'eux, qu'il sera bien content de ne plus les voir. Je suis obligée de le reprendre à quelques reprises car mon but en l'informant était de le préparer, pas d'engendrer de la provocation par rapport à plusieurs élèves de l'école. Je lui ai demandé de faire des efforts, pas d'agir de la sorte avec ses condisciples.

L'année scolaire se poursuit, l'instituteur de Thomas essaie de le faire progresser au maximum, mais il n'a trouvé aucune école qui lui conviendrait. J'avais de toute façon arrêté d'espérer, après avoir aussi cherché de mon côté, des heures entières, sans rien trouver ou alors des établissements avec des listes d'attente beaucoup trop longues.

La directrice a eu vent de mes intentions et je sens qu'elle ne les apprécie pas du tout. Elle me dit à peine bonjour quand je la vois, je pense qu'elle le prend comme une attaque contre son école, alors que je le fais uniquement pour aider mon fils.

Á la sortie de l'école, j'entends des parents parler de ma décision, me respecter, dire que j'ai raison et que c'est la seule solution. Ils sont admiratifs : j'ai le courage de retirer mon enfant d'une école où les élèves n'apprennent rien et surtout de donner la raison pour laquelle je l'enlève. C'est ce que tout le monde pense, ce que tout le monde voudrait faire mais malheureusement chacun choisit la facilité en continuant à se plaindre. Je souris, je suis à quelques mètres d'eux et ils ne savent pas qu'ils parlent de moi. Mais je reste discrète, je n'ai pas envie d'entrer dans une longue discussion. Je dois travailler en rentrant.

Je suis aussi rassurée de constater que je ne suis pas la seule à être profondément déçue de l'enseignement dispensé par cet établissement. Je comprends mieux la réaction de la directrice. Ma décision pourrait faire boule de neige et cela ne l'aidera pas à atteindre son quota d'élèves. Les gens parlent ouvertement du niveau catastrophique de l'enseignement dispensé aux enfants et cela risque de vite sortir du cadre de l'école. Ce n'est pas bon pour la réputation de son établissement. La mauvaise publicité ne va pas l'aider. Surtout si j'atteins mon objectif. J'aurai été capable de faire quelque chose que son établissement n'est pas capable de faire. Et bien entendu, si Thomas obtient son CEB, je l'en informerai d'une façon ou d'une autre.

La réaction de la directrice me donne encore plus envie d'y arriver. Une fois de plus, elle n'agit pas dans l'intérêt d'un enfant, mais elle ne pense qu'à sa réputation. Á aucun moment elle n'a essayé d'écouter mes motivations, à aucun moment elle ne s'est intéressée au cas de Thomas, à aucun moment cette directrice ne s'est remise en question, elle n'a jamais essayé de fonctionner différemment pour aider les élèves capables d'avancer. Et maintenant elle râle parce que je n'accepte plus de laisser Thomas perdre son temps. Si elle avait un peu agi, nous n'en serions sans doute pas là aujourd'hui.

Pendant la deuxième partie de l'année scolaire, je me renseigne sur l'enseignement à domicile, je contacte des amis instituteurs pour savoir avec quels manuels ils travaillent. Mes enfants ont toujours reçu des feuilles d'exercices, je n'ai fatalement aucune idée des livres et des manuels à utiliser en primaires.

Des connaissances me conseillent plusieurs livres, des sites internet, des émissions télévisées, j'achète des jeux éducatifs. Petit à petit, j'y vois plus clair, il me faut juste savoir où en est Thomas pour que je puisse estimer l'étendue du travail et faire le planning des choses à apprendre. Eh oui, je suis hyper organisée et je dois tout planifier, je dois savoir combien de temps j'ai pour chaque année de retard. Sans cela, je n'y arriverai pas, Thomas et moi, nous n'y arriverons pas.

Les tests de niveau ont lieu et c'est un nouveau coup de massue. Thomas a le niveau fin de deuxième primaire en français et milieu de quatrième primaire en mathématiques. Il n'a pas été testé en éveil. L'éveil comprend sciences, géographie et histoire Bref, j'ai 4 ans à récupérer en français, deux ans et demi en mathématiques et sans doute tout à faire en éveil. Quel challenge ! La psychologue me rassure toutefois par rapport aux mathématiques Pour elle, vu les capacités de Thomas, cela ira tout seul. Mais elle est inquiète pour le français et surtout en ce qui concerne la lecture. Thomas sait lire une phrase mais n'en comprend absolument pas le sens. Il lit des mots les uns après les autres. Il y a un travail énorme à réaliser à ce niveau-là. Il ne sait pas écrire une phrase sans faire 10 fautes d'orthographe et il est encore dyslexique. Je me rends compte que la montagne à gravir est digne de l'Everest. En plus, le CEB en éveil, c'est principalement de la compréhension de texte, de graphiques, de cartes, … Par conséquent, s'il ne comprend pas ce qu'il lit, il ne pourra pas réussir cette partie-là du CEB.

La psychologue remarque mon désarroi, m'encourage, me rappelle les capacités de Thomas. Il suffit de lui redonner confiance en lui et cela ira tout seul. Et qui connaît mieux mon fils que moi ? Je suis la personne la plus adéquate pour le faire.

Elle a raison, je veux qu'il obtienne son CEB et il va l'avoir. Je n'ai jamais eu d'échec à l'école, il n'est pas question que j'échoue ici. S'il ne l'avait pas, ce serait mon échec aussi et cela, je ne peux pas l'envisager. Je vais me battre, nous allons nous battre et ensemble, nous y arriverons. Vous imaginez bien qu'il est très difficile pour une ancienne première de classe durant toutes ses études que son fils n'obtienne pas son certificat de base.

Seul hic, dans mon planning, je n'avais pas envisagé de devoir faire de la matière de troisième primaire. J'avais toujours imaginé commencer en quatrième avec Thomas pour le français. Je réfléchis, je ne vois vraiment pas comment je pourrais ajouter une année de plus, le timing est déjà fort serré et aller plus vite que le train, prendre le mode TGV que j'ai tant reproché à son institutrice de première primaire, ce n'est pas envisageable. Le rythme va déjà être fort soutenu comme cela. Déjà beaucoup trop soutenu, je ne peux pas aller encore plus vite, il faut quand même que je lui laisse le temps d'assimiler un peu.

En quatrième, les enfants n'approfondissent-ils pas ce qu'ils ont vu en troisième ? Je me convaincs. Je ne vais rien changer, je vais suivre le schéma d'apprentissage que j'ai réalisé et je donnerai plus de détails quand cela sera utile lorsque je lui apprendrai la matière de quatrième primaire, je lui proposerai des lectures silencieuses faciles, de niveau deuxième ou troisième primaire pour commencer, que je compliquerai avec le temps.

Je commence à parler autour de moi de ma décision, tout le monde me demande comment je vais faire. Les gens me comprennent mais pensent que je ne réalise pas ce qui m'attend. Ils me prennent pour une folle ou une inconsciente, je ne sais pas trop. Peut-être les deux en fait. Ne me découragez pas, s'il vous plait. Je suis déjà assez stressée comme cela, je doute aussi. Je sais que ce sera difficile. Je sais que je vais avoir envie de tout laisser tomber à certains moments. Mais je vais y arriver, je dois y arriver pour Thomas. Sans cela, son choix d'avenir va être très restreint et je ne veux absolument pas cela pour lui.

Je demande à mes parents s'ils veulent bien prendre Thomas un jour par semaine. Ils le prennent déjà tous les mercredis après-midi et gèrent les devoirs et leçons quand il y en a, après la promenade au bois.

Petite parenthèse, Thomas adore la forêt et surtout, la rivière, dans le bois près de chez mes parents. Après avoir dégusté la soupe de mamy (que je n'arriverai jamais à faire. Même avec la recette, avec les ingrédients achetés au même endroit, elle n'a jamais le goût de celle de mamy...), Thomas va se promener avec son papy pendant une bonne heure. C'est leur moment privilégié et c'est important pour moi qu'il prenne l'air, qu'il ne passe pas tout l'après-midi sur sa tablette ou devant la télévision.

Il a déjà fait quelques frayeurs à son papy. Un jour, il s'est éclipsé, mon papa ne le retrouvait plus. Il en avait eu marre de l'attendre et avait pris le chemin du retour sans rien dire. Papa avait appelé maman à la rescousse, un voisin était parti à la recherche de Thomas, en prenant le chemin qu'ils avaient l'habitude d'emprunter. Et pendant que tout le monde paniquait, mon Thomas était sagement assis sur un banc en train de faire la conversation à un monsieur âgé qu'il avait déjà croisé plusieurs fois. Pourquoi tout le monde s'inquiétait ? Il connait le chemin, il sait bien rentrer tout seul, il n'a pas besoin de papy !

Quand Thomas rentre de la promenade au bois, en fonction de ce qu'il y a à faire, mamy ou papy ou les deux le font travailler. Ils sont conscients que ce n'est pas facile, ils savent que Thomas déteste l'école et fatalement, les devoirs. Il faut chaque fois négocier car l'école ne sert à rien, pourquoi lui faisons-nous apprendre des choses inutiles. Le gros souci de Thomas, c'est que s'il ne voit pas l'utilité de la chose, il ne le fait pas. Si vous essayez de lui faire retenir quelque chose inutile à ses yeux, vous n'y arriverez pas, malgré sa capacité de mémorisation exceptionnelle. Et il soupirera cinquante fois par page, c'est terriblement usant et fatigant.

Je me souviens m'être débattue des heures interminables pour lui apprendre les tables de multiplication. Je chantais même la chanson avec lui tout au long du trajet dans la voiture. Thomas ne les connaît pas encore complètement aujourd'hui, alors qu'il peut me répéter par cœur un épisode entier d'un dessin animé. Vous n'imaginez même pas la frustration que je peux ressentir. Un jour, à bout de patience, je lui dis qu'il se moque de moi, qu'il me fait perdre mon temps, que j'en ai assez. Et là, il me répond que c'est moi qui lui fais perdre son temps. « Comment ça moi qui te fais perdre ton temps, tu ne manques pas de toupet ! » Bien sûr, je lui demande de m'expliquer. « Ok, je vais t'expliquer, donne-moi ton gsm », rétorque Thomas. Le gsm est le nom que nous donnons en Belgique au téléphone portable. Je ne comprends pas tout de suite où il veut en venir mais je m'exécute. Il connaît mon code. Il ouvre la calculatrice et me dit fièrement que tout le monde aujourd'hui a un gsm et du coup, une calculatrice en permanence sur soi et que s'il a une multiplication à faire, il suffit de prendre la calculatrice de son gsm et hop aucun risque d'erreur, bien plus sûr que les tables de multiplication mémorisées. Conclusion de Thomas : cela ne sert plus à rien aujourd'hui avec la technologie d'apprendre les tables de multiplication et c'est bien moi qui lui fais perdre son temps en essayant de lui apprendre des choses inutiles. Une fois de plus, il a eu le dernier mot et je n'ai pas vraiment d'arguments contre ce qu'il vient de me dire. Qu'est-ce qu'il m'énerve quand il utilise son intelligence pour satisfaire sa fainéantise.

Enfin, revenons-en à mes parents. Ils acceptent bien entendu de le prendre un jour par semaine. Il faut juste que je donne la liste des choses à faire et le matériel pour le faire. Maman était institutrice, papa expert-comptable, mais fatalement, la méthode d'aujourd'hui n'est pas celle qu'ils ont connu à l'école et cela fait 45 ans que maman n'enseigne plus. Cela les occupera, surtout pendant l'automne et l'hiver où ils sont moins actifs. J'espère juste que cela n'altèrera pas leur relation avec Thomas. Elle est privilégiée et il faut qu'elle le reste.

La fin de l'année est là, je vais rechercher le dernier bulletin de Thomas dans cette école. Je n'ai pas rempli la demande de réinscription que l'école avait quand même glissé dans le cartable de Thomas. Je salue l'instituteur, je le remercie pour tout ce qu'il a fait pour Thomas, je lis l'émotion dans ses yeux quand il dit au revoir à mon fils. Il l'encourage pour l'année à venir et lui dit qu'il a confiance en lui et qu'il sait qu'il aura son CEB sera fier de lui.

Je propose à Thomas d'aller dire au revoir à d'autres personnes dans l'école, des copains, la logopède, la professeure de gymnastique. Il refuse. Il me dit qu'il est enfin débarrassé de cette fichue école, qu'il est bien content de ne plus devoir y venir et que personne ne lui manquera. Il quitte l'école heureux. Mon pauvre petit loup, tu ne te rends pas vraiment compte de ce qui t'attend à la maison, tu risques bien de regretter cette école quand tu verras la masse de travail que je te réserve. Finis les dessins animés, les récréations à rallonge, les bricolages et dessins au lieu de travailler. Fini le rythme des vacances toute l'année. Certes, les autres enfants ne t'embêteront plus mais je pense que tu vas autant me détester qu'eux quand tu devras faire des dizaines de feuilles par semaine. Tu n'imagines même pas la quantité de livres que j'ai déjà achetés.

Mais je ne lui dis rien, qu'il profite de ses vacances, qu'il se détende, il est de nature anxieuse, pas besoin de lui mettre la pression tout de suite. Je lui annoncerai seulement dans quelques jours qu'il n'a qu'un mois de vacances, pas deux. Impossible de tout voir avec des vacances prolongées, il va falloir les écourter pour arriver au bout de la matière.

Nous voici au mois d'août et j'annonce à Thomas que les vacances sont finies pour lui. J'avais pris deux semaines de congé pour commencer l'année scolaire plus tôt et pouvoir mettre un coup de fouet dès le départ. Il peste évidemment, ce n'est pas juste. Et non, tu as raison, ce n'est pas juste, ce sont encore les vacances normalement et je t'empêche de t'amuser. Il insiste évidemment : les vacances ne sont pas faites pour travailler, les enfants ont besoin de leurs vacances et c'est puni par la loi de les leur enlever, je suis une criminelle ! Mais comme il a besoin de moi, il ne va pas me dénoncer, il ne veut pas que je sois jetée en prison. Merci mon chéri, tu es bien aimable, mais nous allons quand même nous y mettre malgré ta petite faveur à mon égard.

Je savais qu'il n'allait pas accueillir ma décision les bras ouverts. Du coup, j'avais prévu un argument de choc. Ok, tu restes en vacances et le 1er septembre, je te dépose à l'école. Il s'installe instantanément pour travailler. De temps en temps, j'ai le dernier mot !

Nous ne commençons qu'avec le français. J'ai décidé de ne rien faire d'autre les deux premiers mois. J'ai un livre de conjugaison, un livre de grammaire, un manuel de lecture. Et j'ai bien entendu été chercher une liste des mots les plus utilisés dans la langue française afin qu'il fasse des dictées toutes les semaines. J'ai aussi imprimé des lectures silencieuses que j'ai trouvées sur internet. Il y a en réalité beaucoup de sites qui mettent à disposition gratuitement des ressources pour aider dans les apprentissages.

J'ai acheté un cahier dans lequel je mettrai tous les contrôles que je lui ferai faire. J'ai aussi un cahier qui me sert de journal de classe. J'y ai écrit toutes les feuilles faites chaque jour.

J'ai en effet lu dans toutes les informations sur l'enseignement à domicile que l'inspection de la Fédération Wallonne de l'Enseignement faisait parfois des contrôles, pour s'assurer que les enfants travaillaient réellement. Je vais tenir à jour ce journal de classe. En cas d'inspection, ils pourront voir que Thomas travaille des journées entières.

Ces deux premières semaines sont très compliquées. Thomas n'avait évidemment jamais envisagé travailler autant. Il en viendrait presque à regretter l'école où il passait la moitié de la journée à jouer ou à regarder la télévision. Ici, la télévision, c'est la récréation. Et c'est maximum vingt minutes après lesquelles il doit se remettre au travail.

Inutile de vous dire que ces deux semaines de vacances ne m'ont pas permis de me reposer. Après avoir travaillé avec lui la journée, je continue à préparer pour les semaines à venir, je fais des synthèses qu'il devra étudier, je n'ai pas assez de temps pour les lui faire copier lui-même. Il faut se contenter de l'essentiel.

Je retourne travailler et maman me propose alors de prendre Thomas deux jours par semaine. Merci maman, cela m'arrange tellement. Je travaille deux jours par semaine de la maison, il ira deux jours chez mes parents et le dernier jour, il restera tout seul à la maison. Pas besoin de travailler avec lui le weekend du coup. Le jour où il restera tout seul, je lui préparerai sa boîte à tartines comme s'il allait à l'école. Ma fille est dans le supérieur, commence plus tard ou termine plus tôt, elle pourra donc l'encourager à avancer. J'adapterai mes horaires au travail en fonction des horaires de cours de ma fille pour que Thomas ne reste pas trop longtemps seul, même s'il est tout à fait capable de le faire. Ce jour-là, Thomas fera des exercices de révision de ce qu'il a vu les jours précédents et il préparera sa dictée. En outre, il apprendra à travailler tout seul. C'est important aussi.

Premier septembre, je reçois un coup de téléphone de l'ancienne école de Thomas. Je décroche. C'est la secrétaire qui me demande pourquoi Thomas ne s'est pas présenté à l'école ce matin. Je lui demande de répéter, je pense avoir mal compris. Mais non, j'ai bien compris. Je lui rappelle alors que je n'ai pas réinscrit Thomas et qu'il ne viendra plus. Que je ne comprends pas comment il est encore sur les listes, j'avais pourtant été très clair à la fin de l'année. Et la directrice et le PMS étaient parfaitement au courant de ma décision de le retirer de l'école. Elle peut définitivement le barrer de la liste. Je me dis qu'ils doivent cruellement manquer d'élèves pour appeler les anciens non réinscrits. Je suis de nature très curieuse et je vais immédiatement jeter un coup d'œil sur le site internet de l'école.

Je découvre qu'ils ont ouvert une classe de langage et qu'il y a maintenant des élèves de type 2 (retard mental léger modéré à sévère). Quand Thomas a commencé dans cette école, il n'y avait que le type 8. Maintenant, il y a le type 8, le type 1 et le type 2 plus une classe de langage. Ils sont visiblement obligés d'ouvrir l'école à d'autres types pour remplir leurs classes. C'est triste, au lieu de changer de méthode, de se remettre en question, ils élargissent les types possibles. Et bien entendu, mélanger les élèves souffrant de troubles fort différents et avec certainement des capacités complètement différentes d'un élève à l'autre rend l'apprentissage encore plus compliqué. Je me réjouis une fois de plus que Thomas n'y soit plus.

Premier jour chez mes parents, je vais le rechercher et maman me dit que c'est vraiment difficile de faire travailler Thomas une journée entière. Je sais maman, il va falloir être ferme et faire du chantage. Mais nerveusement, cela va être difficile. Mon champion des excuses et de la mauvaise volonté va nous user si nous le laissons faire.

Thomas a choisi de faire de l'escalade. Nous y sommes allés plusieurs fois mais il a fallu renoncer. Tout d'abord, il a osé me dire qu'il avait le vertige en haut. Mon Thomas qui a toujours grimpé sur tout qui a le vertige, il est clairement en train de jouer avec mes pieds. Je ne cède pas, je reste bien entendu sur place et je le motive à grimper. Il se débrouille très bien, l'éducateur lui fait remarquer mais malheureusement, Thomas a un déficit d'attention et il est souvent distrait quand il assure les autres enfants qui grimpent. C'est tour à tour, un qui grimpe, l'autre qui assure et ils inversent après. Je réalise qu'il met les autres en danger et je me résous à le faire arrêter, d'autant plus que l'éducateur se fâche régulièrement sur lui à cause de ce manque d'attention. Thomas n'en retire plus aucun plaisir, alors qu'il aime l'escalade.

Nous sommes fin septembre et je commence à m'inquiéter ne pas recevoir de retour à ma demande d'enseignement à domicile. En Belgique, nous avons jusqu'au 30 septembre pour envoyer cette demande à la Fédération. Je l'ai rentrée fin août et je n'ai eu aucun retour. Pourvu que ce soit accepté, je ne veux pas faire marche arrière car même si c'est compliqué, même si je suis fatiguée, même si nerveusement c'est très difficile, Thomas progresse et c'est l'essentiel.

Nous voici mi-octobre, nous avons presque fini tous les manuels de français de 4ème primaire. Je voudrais voir ce que

Thomas a retenu, mais compliqué de trouver des tests de niveau de fin de quatrième primaire. Je reçois à cette période-là un courrier de l'inspection. Thomas est convoqué pour passer les tests évaluatifs de début d'année. Il doit se rendre à Rixensart une demi-journée après le congé de Toussaint. Il sera évalué en français, mathématiques et éveil. Mince ! Nous n'avons pas fait de mathématiques ni d'éveil.

Vous devez savoir que vous trouvez sur le site de la Fédération Wallonie-Bruxelles les évaluations certificatives de 2ème primaire et de 6ème primaire des années précédentes, mais vous ne trouvez pas les évaluations non certificatives des autres années. Je suis fort embêtée, je voudrais préparer Thomas ; il n'a jamais eu ce genre de tests et il n'a quasiment jamais fait de contrôles. La façon de poser les questions est fort différente de celle de son ancienne école, je dois trouver une solution.

Mais j'ai un autre souci. Si l'inspecteur se base sur l'âge de Thomas, il va lui faire passer les tests de sixième primaire et Thomas ne saura pas répondre. Il risque de se décourager et l'inspecteur va me dire que je travaille mal. Je ne sais pas si ces tests servent à donner l'autorisation finale pour l'enseignement à domicile mais si c'est le cas, il faut absolument que Thomas passe les tests de son niveau et non pas de son âge.

Je décide alors d'appeler l'inspecteur pour lui expliquer le parcours de Thomas et que selon moi, il ne pourra pas passer les épreuves de son âge vu le retard accumulé. Je réussis à le joindre assez facilement et il comprend très bien la situation. Il me demande quelle matière j'ai travaillé avec Thomas pour le moment et nous convenons ensemble de lui faire passer les tests de 4ème primaire. Cela me permettra de voir si Thomas a assimilé ce que nous lui avons appris et si notre méthode est la bonne

Grâce à ma belle-sœur, nous réussissons à obtenir les épreuves non certificatives de fin de quatrième année primaire de l'année précédente, via l'ancienne institutrice de ma nièce. Merci belle-sœur. Merci beaucoup Madame. Cela va bien nous aider à préparer Thomas. Nous terminons vite les dernières pages de nos manuels de français et la semaine suivante, nous nous consacrons à ces épreuves. Surtout celles de français. Nous survolons celles de mathématiques et d'éveil. De toute façon, nous n'aurons pas le temps de réexpliquer la matière. Le but est seulement de montrer à Thomas ce qui l'attend et de lui fournir quelques brèves explications.

Nous voici arrivés au jour de ce fameux test. Sur la convocation, il nous était demandé d'apporter tout le matériel avec lequel nous travaillons. J'avais dû le noter dans ma demande, il me semble parfaitement légitime qu'ils vérifient. J'embarque les manuels que j'ai déjà achetés, le grand classeur avec tout ce que Thomas a déjà fait, le cahier de contrôles et de dictées et bien entendu, mon journal de classe.

Thomas est nerveux, il a peur. Peur de se retrouver avec des personnes qu'il ne connaît pas, peur de ne pas réussir les exercices, de ne pas les comprendre. Peur d'échouer à l'épreuve et de devoir retourner à l'école. Vous pensez bien que je devais le motiver pour qu'il s'applique et que le seul argument que j'ai trouvé était qu'il devrait retourner à l'école s'il ratait. Ce n'est pas le plus correct, je l'admets, mais à un moment, je n'ai pas vraiment beaucoup de possibilités devant moi.

Nous arrivons dans les premiers à Rixensart. Petit à petit, les gens arrivent, il y a quatre inspecteurs différents, avec une liste d'au moins deux pages d'enfants. Je me rends compte qu'il y a beaucoup plus de gens que ce que je ne pensais qui font l'enseignement à domicile. Les enfants se connaissent, principalement les plus âgés d'entre eux. J'écoute les discussions des parents et je découvre qu'il y a des échanges entre ces enfants. Ils travaillent parfois ensemble chez une des mamans, ils font des visites culturelles à plusieurs, ils vont jouer les uns chez les autres. Il y a en fait moyen de développer des relations sociales avec d'autres enfants tout en faisant l'école à la maison. Si j'avais su ! Cela faisait longtemps que j'y pensais mais j'avais peur de franchir le pas à cause du manque de contact social pour Thomas. Voilà que je découvre que ce n'était pas un souci…. Malheureusement cette année-ci, le chantier est tellement grand que je n'ai pas le temps pour cela. Dommage, mais maintenant que je le sais, je pourrai en parler et éventuellement conseiller d'autres parents qui s'interrogent comme moi sur la meilleure solution pour leur(s) enfant(s).

Notre inspecteur est arrivé. Il envoie les enfants dans les rangs appropriés et il me reçoit. Je lui montre ce que je fais, mon journal de classe, les feuilles que nous avons déjà faites. Il sourit. C'est la première fois qu'il a un parent qui tient un journal de classe. Quelle organisation ! Je lui demande des conseils pour les manuels d'éveil que je n'ai pas encore mais il ne sait pas. Il va se renseigner. Il ajoutera cette information dans le courrier qu'il m'adressera par la suite. Il parcourt la demande que j'avais envoyée, vérifie que j'ai bien des manuels référencés sur mon courrier et il me dit que tout cela lui semble très bien. Il a juste une petite remarque : je n'ai pas prévu de temps pour le développement artistique, je n'ai rien noté à ce sujet-là. Je ne m'y attendais pas. Je lui explique que je prépare le CEB et que vu le retard accumulé, je n'ai pas trop le temps de le faire dessiner ou bricoler et que pendant cinq ans, il en a fait à revendre du dessin et du bricolage. Il me répond de quand même essayer de le faire. Ok Monsieur, j'en prends bonne note. Enfin c'est ce que je lui dis. Mais en moi-même, je me dis « cours toujours, tu crois sincèrement que je n'ai que ça à faire »…

Nous entamons la matière de cinquième primaire mi-novembre, en mathématiques et en français cette fois-ci. Objectif : avoir tout fini en février, juste avant le congé de carnaval. Thomas est content de faire un peu de calcul, sa matière préférée. Et il aime aussi la conjugaison maintenant et les dictées. Quand il a tout bon, il pousse un cri de joie. Certes, c'est difficile, il rouspète encore beaucoup mais il tire quand même une certaine fierté et de la satisfaction quand il réussit. Il reprend petit à petit confiance en lui.

Fin novembre, je reçois les résultats de ses tests. Il a très bien réussi français (81 %). Il n'a que 60 % en mathématiques (cela correspond à ce que le PMS m'avait dit, milieu de quatrième primaire) et il a raté éveils mais je m'en fiche. Il a eu 81 % en français, il avait énormément de retard et nous avançons bien. Notre méthode fonctionne, Thomas a récupéré deux années de français en trois mois. C'est génial, je commençais à fatiguer, à m'essouffler et voilà que je me reprends un énorme coup de motivation. Nous allons y arriver ! Quel bien nous font ces résultats à maman et à moi.

Seul hic, l'inspecteur n'a pas de livres à me conseiller pour éveils, je vais prendre celui qu'un ami m'a conseillé même s'il me semblait compliqué. Je ferai avec. Une fois le livre acheté, je me pencherai dedans, pour comprendre son mode de fonctionnement.

Une autre chose me préoccupe. Thomas devient de plus en plus nerveux. Il commence à pousser des petits cris répétitifs à longueur de journée, il attrape des tocs de stress. Cela m'inquiète et surtout m'énerve. C'est vraiment difficile de devoir travailler, gérer l'école à la maison et entendre ses cris à longueur de journée. Je vais devenir folle. Je me dis qu'il faut vraiment que je trouve une solution et que je réduise ce stress.

Jusqu'à présent, je n'ai jamais voulu donner le moindre médicament à Thomas. J'ai essayé plein d'autres méthodes pour gérer son déficit d'attention et son anxiété. Mais ici, je me rends compte que cela ne suffit plus et que si son stress continue à monter comme pour l'instant, il va être dans un état de stress ingérable au moment du CEB et il en perdra ses moyens. Je réalise que le moment est peut-être venu de l'aider avec un traitement médicamenteux temporaire.

Je me décide alors à le faire voir par un pédopsychiatre. Malheureusement, je ne pensais pas que les délais étaient aussi importants. Je n'ai rendez-vous que début mai ! Comment vais-je faire jusque-là ? Je n'ai pas le choix, je dois trouver une solution.

Ma sœur se lance à ce moment-là dans la sophrologie. Je la contacte. Elle veut bien essayer avec Thomas. Nous n'avons rien à perdre et verrons si cela fonctionne, elle va lui faire faire des séances individuelles. Et si par malchance cela ne sert à rien, elle me le dira. Je n'ai rien à perdre et Thomas commence la sophrologie, qui aide quand même un peu, même s'il reste nerveux et si ses TOC restent bien présents. Vous n'imaginez pas le nombre de fois que j'ai envie de mettre Thomas dehors histoire d'avoir un peu de calme et de répit. Je dois prendre énormément sur moi parce que je sais que je ne l'aiderai pas en faisant cela mais je ne peux m'empêcher de me fâcher à certains moments tellement il est infernal.

Nous suivons notre planning. A la base, je ne voulais donner qu'une semaine de congé à la Noël à Thomas mais je me rends compte qu'il sature. Il faut que je le laisse souffler, tant pis. S'il craque, je perdrai plus de temps, il vaut mieux arrêter deux semaines, nous avancerons mieux par après. De toute façon, je suis fatiguée aussi. Nerveusement, cela devient difficile, il faut aussi que je fasse un break. Ces deux semaines seront bénéfiques pour tout le monde. Ses grands frères s'en occupent aussi pendant cette période. Il faut que je lève le pied, que je souffle, tant physiquement que nerveusement. Je suis loin et il faut que je récupère.

Une autre chose me préoccupait : dans quelle école allais-je mettre Thomas l'an prochain ? En Belgique, il faut rentrer entre le 1er février et début mars un document qui s'appelle « Formulaire Unique d'Inscription » (FUI). Sur ce document, nous devons noter plusieurs noms d'école dans lesquelles les parents voudraient inscrire leur enfant. Et c'est la Fédération qui choisit pour vous. Moi je n'avais qu'une seule école en tête. En effet, tout près de chez moi, une école secondaire à pédagogie active vient d'ouvrir. C'est une école subventionnée par la Fédération et on y dispense un enseignement général. C'est la première année que cette école est ouverte. Il n'y a que la première secondaire pour le moment. C'est la solution parfaite. Il y aura deux années l'an prochain et Thomas évoluera avec l'école, une soixantaine d'élèves supplémentaires chaque année.

Je complète le Formulaire Unique d'Inscription. Je ne mets que cette école à pédagogie active dans mes choix. Je demande bien entendu l'accord du papa de Thomas, qui considère aussi que c'est la meilleure solution et signe le document avec moi. Je contacte cet établissement et je prends rendez-vous. Nous pouvons remettre ce formulaire à l'école de notre choix et ce sont eux qui le font suivre aux personnes adéquates. Je vais y aller et comme ça, je pourrai poser toutes mes questions. J'obtiens un rendez-vous en mars, deux jours avant la fin des inscriptions.

Nous sommes en janvier et nous reprenons après deux semaines de break, j'ai bien fait d'arrêter. Thomas est dans de meilleures dispositions, nous avançons bien. Et moi je me sens mieux, j'avais vraiment besoin de souffler.

Thomas progresse et nerveusement, je suis un peu plus calme. J'ai plus de patience pour lui expliquer la matière calmement, je m'énerve moins vite qu'avant les vacances. Je ne vous ai pas dit mais Thomas se plaint de mon attitude, je ne pense plus qu'à l'école, je me fâche tout le temps sur lui, je ne pense qu'à le faire travailler. Je m'en veux je sais que je le fais souffrir mais ai-je vraiment le choix ? Je savais que cette année serait compliquée pour tout le monde et je ne me laisse pas amadouer. Il faut tenir la cadence.

Je lui explique que nous n'avons pas le choix, que je comprends que cela soit difficile, mais qu'il ne réalise pas bien tous les sacrifices que je fais pour lui. Et que c'est certainement plus difficile pour moi que pour lui parce que, lui, quand il a fini de travailler, il peut encore jouer. Moi, par contre, je dois encore travailler pour mon boulot pour compenser les heures perdues pendant la journée, je dois encore faire à manger et entretenir la maison. Je lui dis que je n'ai plus du tout de temps pour moi. Je n'aurais jamais dû dire ça, il culpabilise, il pense que je suis malheureuse à cause de lui. Je m'en mords les doigts et en plus, je sais que le mal est fait parce que Thomas n'oublie rien de ce que vous lui dites. Il va continuer à culpabiliser et son stress va encore augmenter.

Tant pis, il faut avancer, j'essaierai de le rassurer. Et nous nous remettons au travail. J'atteins mon deuxième objectif au congé de carnaval. Nous avons fini la matière de cinquième primaire, mais malheureusement, impossible d'avoir un exemple de tests non certificatifs de fin de cinquième année. Tant pis, je ne pourrai pas vérifier les acquis de Thomas. Je vais devoir lui faire confiance.

Je reprends alors contact avec le PMS, comme nous l'avions convenu en juin dernier. Thomas va aller passer des tests de niveaux car j'aurai besoin d'un avis positif du PMS pour une réinsertion dans l'enseignement général, vu que la dernière école fréquentée par Thomas était une école d'enseignement spécialisé. Nous fixons quatre rendez-vous, le premier pour refaire le point, le deuxième pour les tests de français, le troisième les tests de mathématiques et le quatrième pour faire le bilan des tests effectués. Nous irons par conséquent à quatre reprises à Namur à partir d'avril.

Entretemps, nous entamons les livres de sixième primaire, je sais que je n'irai pas au bout de ces livres, parce que j'ai décidé de consacrer deux mois aux CEB des années précédentes après les vacances de Pâques. Chaque semaine, je ferai le CEB d'une année précédente le matin. Et l'après-midi, nous reverrons la matière que Thomas n'a pas comprise.

Je suis fatiguée, ce rythme effréné m'épuise, je n'ai plus vingt ans. Combiner une activité professionnelle à temps plein avec autant de travail pour Thomas, c'est lourd. Je fatigue de plus en plus au fil des semaines. Je n'en peux plus nerveusement. Je monte tout de suite dans les tours, je n'ai plus de patience. Un jour, à bout de nerfs devant la mauvaise volonté de Thomas, je lui dis de sortir de la maison avant que je ne m'énerve sur lui. Je ne lui ai jamais mis de fessées. Je suis contre la violence et là, j'ai envie de le mettre dans le mur. Je ne me reconnais plus. Je n'arrive plus à gérer. Evidemment, au bout de cinq minutes, je culpabilise et je le fais rentrer. Je m'excuse pendant de longues minutes, je le prends dans mes bras. Mais Thomas m'en veut et il me reprochera très longtemps de l'avoir jeté dehors comme un malpropre !

Heureusement, j'ai une famille en or. Mes plus grands enfants se rendent compte de mon état. Ils voient que cela devient compliqué et un nouveau coup de pouce arrive. La compagne de mon deuxième fils a du temps, elle propose de m'aider en prenant Thomas un jour par semaine. Il peut même aller dormir chez son frère la veille de cette façon, je n'ai pas trop de trajets le matin, je peux souffler le soir et prendre un peu de temps pour moi. Je dois bien avouer que je ne sais plus ce que c'est d'avoir du temps pour moi. J'accepte tout de suite, je veux bien essayer. Je sens de toute façon que je n'arrive plus à me contrôler et que j'ai atteint le maximum de ma patience. Mais je demande quand même à ma belle-fille de promettre de me dire si elle ne s'en sort pas et si c'est trop difficile. Je sais que ce n'est pas simple de faire travailler Thomas et elle ne doit pas avoir peur d'arrêter si c'est trop compliqué.

Finalement, Gaëtan et Carole gèrent les jours prévus, ce qui me donne un peu de répit. Et quand mon autre fils est en Belgique, il aide aussi avec sa compagne. Finalement, comme ma fille aidait déjà, mes trois enfants auront mis leur petite pierre à l'édifice. Thomas a vraiment de la chance d'avoir une famille aussi dévouée. J'espère qu'il s'en rend compte.

Dans le courant du mois de mars, je me rends à l'école à pédagogie active pour l'inscription de Thomas. Je complète les documents nécessaires, je prends les autres documents qui ne devront être rentrés que s'il est définitivement inscrit et bien sûr, je demande où ils en sont dans les inscriptions. Il y a encore de la place, j'ai beaucoup d'espoir qu'il soit définitivement inscrit. Je suis heureuse, tout se met en place, il ne manque que le CEB.

Je reçois fin avril une convocation de l'inspecteur de la Fédération pour aller faire les tests le 12 mai. Quelle poisse !

C'est le jour du rendez-vous chez le pédopsychiatre. Il m'a fallu 6 mois pour avoir ce rendez-vous, je ne peux pas le reporter. Mais je voudrais aussi que Thomas passe ce test, ça me donnera une bonne idée de son niveau. Je décide d'appeler l'inspecteur, je lui expose mon souci, je lui propose que Thomas fasse la moitié des tests. Mais il a une bien meilleure solution. Il me propose que Thomas vienne le 13 mai au matin pour faire ces tests en individuel. J'accepte tout de suite. J'appelle mes parents et je leur demande si papa pourrait aller rechercher Thomas le 13 mai à Rixensart. J'ai une réunion professionnelle à 11 heures que je ne peux absolument pas déplacer. Bien sûr qu'il viendra et il me propose même que maman m'accompagne dès le matin comme cela il y aura d'office quelqu'un avec Thomas et papa ira les rechercher à l'heure que maman lui communiquera. C'est parfait.

12 mai : rendez-vous chez le pédopsychiatre. Je parle pendant toute la consultation, j'explique la situation, je décris Thomas. Le pédopsychiatre me propose de le revoir seul la semaine prochaine et qu'il décidera à ce moment-là de ce que l'on fera. Tant mieux, je ne vais pas devoir attendre longtemps.

13 mai : nous nous rendons à Rixensart pour les tests de Thomas. L'inspecteur m'avait demandé d'apporter tout ce que nous avions fait avec Thomas. Pas de souci, je vais tout apporter, un vrai déménagement ! Je me retrouve avec deux énormes sacs de course réutilisables, remplis de classeurs et de manuels d'exercices complétés. Thomas a son cartable. Je suis contente que maman soit avec moi pour m'aider à tout porter. C'est vraiment lourd.

Nous arrivons dans le hall d'entrée, j'informe une dame qui me dit que l'inspecteur n'est pas encore arrivé et qui nous demande de patienter dans le hall. L'inspecteur arrive, il va chercher la clef du local dans lequel nous devons nous rendre. Il nous invite à le suivre une fois qu'il a récupéré la clef.

Nous entrons, maman, Thomas et moi. Avec nos gros sacs. Il me dit en souriant que je ne devais apporter que les feuilles que Thomas avait faites, pas tous les livres qui m'ont servi de théorie et de base. Je lui réponds alors que c'est ce que j'ai fait, que je n'ai que les feuilles et les manuels d'exercices complétés par Thomas. Je vois encore son air époustouflé. Je pense qu'il n'aurait pas eu l'air plus surpris si un OVNI venait de se poser dans la cour. Il n'en revient pas. « Vous lui avez vraiment fait faire tout ça en un an ?! », dit-il. Il commence à feuilleter les classeurs, il se rend compte que tout est complété ; il est impressionné par la quantité de travail abattu. Il nous dit en souriant que nous sommes des bourreaux d'enfants maman et moi, en regardant Thomas. Thomas n'en demandait pas autant, il lui répond que nous l'avons fait travailler comme un esclave. L'inspecteur rit. Il comprend tout de suite que l'année a été compliquée pour tout le monde. Il propose de commencer les tests avant que la conversation ne dérape. Et que Thomas ne se déconcentre.

L'inspecteur propose de commencer par éveil vu que Thomas avait raté le test en novembre. Il donne la feuille à Thomas qui lit la première question et qui ne peut s'empêcher de déjà faire une remarque. Les photos ne sont pas claires, il aurait dû les faire en couleur, il va devoir lui expliquer les photos. L'inspecteur reconnaît qu'effectivement la qualité de l'image est mauvaise et lui explique ce qu'il y a dessus. Thomas commence à répondre, il va vite. Quand il oublie quelque chose, l'inspecteur lui demande de vérifier s'il a bien répondu à tout, il vérifie et complète ce qu'il manquait. Le test dure une trentaine de minutes. L'inspecteur qui est à côté de lui vérifie en même temps. Maman et moi sommes à un autre bureau et ne pouvons pas voir ce que Thomas fait. Nous devons nous taire. Nous obéissons et ne posons aucune question. Une fois fini, l'inspecteur nous regarde. « C'est impressionnant les progrès qu'il a réalisés », dit-il. Il note les points et nous montre. Thomas à tout bon, 50/50, 100 %. Il avait échoué au test de 4ème primaire en novembre et il nous fait 100 % à celui de fin de 6ème primaire en mai. Retard récupéré. Je suis sur un nuage.

A présent, test de mathématiques. J'ai encore un peu de temps, je vais rester, j'ai envie de savoir, c'est vraiment important à mes yeux, je vais savoir où il en est réellement. Ça va à nouveau assez vite, l'inspecteur est attentif au travail de Thomas, il répond à deux ou trois questions quand Thomas a un doute et au bout de trente minutes, ce test est fini.

Résultat : 96 %. Je ne rêve pas, Thomas a réussi haut la main les deux premiers tests. Notre travail paie.

C'est le moment de la pause. Je m'excuse auprès de l'inspecteur mais je dois me rendre au travail. L'inspecteur me félicite pour le travail accompli, il me rassure, Thomas va réussir son CEB, il a fait des progrès impressionnants, il a des bases solides. Il suffit qu'il gère son stress et les résultats seront excellents. Il cerne très vite Thomas et nous dit aussi à maman et moi que nous avons dû déguster. Que Thomas a eu beaucoup de chance que nous nous soyons investies comme nous l'avons fait et qu'il n'oubliera jamais son cas. Il me demande si j'ai une école. Je lui parle de l'école choisie. C'est une excellente solution à ses yeux, c'est ce qu'il faut à Thomas. Il me donne un dernier conseil : Thomas est à bout, il a énormément travaillé, il faut le faire souffler. Le mieux que je puisse faire pour lui, c'est de lever le pied. Il est épuisé, il a assimilé et fait tellement de choses, c'est normal qu'il sature. Je vais le faire, il a raison, je vais ralentir la cadence, il ne travaillera que le matin, repos l'après-midi jusqu'au CEB.

Je repars sereine, je suis de plus en plus proche de l'objectif. J'ai confiance, je suis positive après cet entretien avec l'inspecteur, Thomas réussira. Il faut juste mettre tout en place pour l'aider avec son stress. Quelques jours après, j'apprends que Thomas a eu 76 % en français. Tout va bien au niveau scolaire. Le chemin que nous avons parcouru était long et difficile, mais nous sommes proches du but et tous les espoirs sont permis. Thomas a toutes les cartes en mains pour réussir, maman, papa, ses frères et leurs compagnes, sa sœur et moi avons géré. Quelle équipe !

Le pédopsychiatre le met sous anxiolytique léger. Je reçois une convocation pour le CEB. Aïe, Thomas devra le passer au centre culturel proche de la maison. Il y a beaucoup d'enfants qui le passent là et Thomas risque de se retrouver avec plus de deux cents autres élèves, il va paniquer. Je prends contact avec le responsable de ce centre (ses coordonnées étaient dans le courrier). Je lui explique le cas de Thomas et il me propose de nous rencontrer un peu avant le CEB, dans son bureau, avec l'inspectrice du CEB. Nous discuterons de ce qu'il faudrait mettre en œuvre pour l'aider.

Entretemps, je me rends au PMS pour le bilan des évaluations. Conclusion : le PMS marque son accord pour l'école de Thomas et ils vont faire un dossier d'intégration. La psychologue doit encore se renseigner comme Thomas n'est plus rattaché à aucune école, il faut aussi que je demande les coordonnées du PMS rattaché à sa nouvelle école mais elle va faire le maximum pour ce dossier.

Je suis rassurée. Quelques jours plus tard, je reçois un appel de l'école à pédagogie active : Thomas est inscrit !! J'ai une école, je suis ravie. Enfin, j'ai une école si Thomas obtient son CEB. Je suis pleine d'espoir. J'ai l'impression que tout se met en place. Il ne manque que ce foutu CEB, mais Thomas est armé pour l'obtenir, il n'y a aucune raison qu'il échoue. La fin du cauchemar approche, le bout du tunnel est devant nous et tout le monde va pouvoir reprendre un rythme de vie normale.

Dix jours avant le CEB, nous nous rendons au collège de Gembloux dans lequel nous avons rendez-vous avec le responsable du centre où le CEB se déroulera et avec l'inspectrice du CEB. Le but de cet entretien est de rassurer Thomas et de le préparer au mieux.

Lors de cette rencontre, je commence à expliquer l'inquiétude de Thomas, je demande combien d'enfants passeront le CEB en même temps que lui. Et là, mauvaise nouvelle : ils seront 252 élèves. Ça fait beaucoup, beaucoup trop à mon goût. Et pour Thomas aussi. Il leur dit que ça va être difficile avec autant de monde. On lui explique que les enfants qui passent la version adaptée du CEB (Thomas y a droit à cause de ses troubles DYS) sont sur le côté. Le directeur montre des photos de la salle et explique à Thomas où il compte l'asseoir. Il lui demande si ça lui va. Comme Thomas est vite dérangé par les autres, il sera seul, ils vont lui mettre un banc isolé, c'est exceptionnel, normalement, ils sont toujours deux par banc. Et il sera tout devant pour être moins impressionné. Il ne verra pas tout le monde derrière lui. Nous avons l'occasion de poser toutes les questions que nous voulons. Le Directeur me conseille de venir tôt de cette façon, nous serons devant dans la file avant l'ouverture des portes et Thomas verra moins la quantité d'enfants présents.

A la fin de l'entretien, le directeur demande à Thomas s'il le reconnaîtra. Et là, comme à son habitude, sans filtre, Thomas lui répond spontanément que oui, qu'il aura facile de le reconnaître avec son gros ventre ! Je ne peux m'empêcher de le réprimander, mais au lieu de se taire, il enchérit : « maman, je ne dis que la vérité et tu sais, monsieur voit certainement que son ventre est vraiment trèèèès groooos ! Depuis quand ne peut-on pas dire la vérité, je n'ai pas menti. » Je suis gênée mais le directeur rigole. Il lui dit qu'il a raison, qu'il n'y a pas de souci, qu'ils se revoient le lundi dans 10 jours.

Je remercie ces deux personnes et nous rentrons à la maison. Je suis un peu rassurée mais Thomas reste inquiet. Sur le trajet du retour, il me demande sans cesse si je réalise ce que c'est 252 élèves. Il a peur et il le dit. J'essaie de le rassurer autant que faire se peut.

Thomas est à bout. La semaine avant le CEB, je décide de l'envoyer chez son autre mamy. Il n'y fera rien, tant pis pour les révisions que j'avais prévues cette semaine-là. Thomas a juste besoin de se détendre. Les dés sont de toute façon jetés. Je n'avancerai quand même plus et je tiens compte de ce que l'inspecteur de l'enseignement à domicile m'avait conseillé. Thomas est ravi d'avoir cette semaine de répit. Et moi je vais pouvoir souffler un peu et prendre de l'avance car je devrai travailler un peu moins la semaine du CEB.

Nous voici le premier jour de l'épreuve. Thomas est inquiet, très inquiet. Je l'accompagne. Je lui promets de rester jusqu'à l'ouverture des portes. Je ne pourrai pas rentrer dans la salle avec lui, il le sait. Je reste le plus longtemps possible, le directeur vient à la rencontre de Thomas et l'emmène avec lui. J'étais là tôt pour qu'il ne voit pas toute la foule. Il rentre le premier dans la salle. Il est parti, je n'ai plus qu'à aller travailler. Papa ira le rechercher ce midi.

J'entends au journal parlé en repartant du travail que l'épreuve est plus difficile cette année que l'année précédente. La tuile. Je m'inquiète.

Vous devez penser qu'avec les résultats qu'il a faits aux tests en mai, je ne devrais pas m'inquiéter mais je sais que Thomas va perdre 25 à 30 % de ses moyens à cause du stress. Et il n'aura personne pour lui dire de relire un exercice pour vérifier qu'il a bien répondu à toutes les questions et bien lu la consigne en entier. Le fait d'être sans un adulte va lui faire perdre aussi des pourcents, cela risque par conséquent d'être juste. Les points du CEB ne refléteront pas ses connaissances, je m'en fiche d'ailleurs des points, tout ce qui compte, c'est qu'il l'obtienne.

Il ne dit rien le lundi, il dit qu'il ne sait pas.

Nous voilà le deuxième jour, c'est moi qui vais rechercher Thomas. Les enfants sortent avec presqu'une heure de retard. Je découvre vite sur les réseaux sociaux que c'est le cas partout. L'épreuve était beaucoup trop longue. Décidément, on ne fait rien pour l'aider à réussir.

Mercredi, c'est repos. Je demande juste à mes parents de le faire relire un petit peu les erreurs des CEB précédents qu'il avait faites à la maison.

Lorsque je le récupère le jeudi, il me dit qu'il s'est fait des potes, et qu'il a revu Charline, la fille de l'ancienne compagne de son papa. Il est tout content de s'être fait des copains et je suis quelque peu surprise. Je ne m'attendais pas à ça. Il me dit qu'il leur parle aux pauses, qu'il reste avec eux. Je suis contente, il sera moins stressé du coup.

Le dernier jour arrive, Thomas sort dans les premiers et il est heureux. Cette longue année est enfin terminée. Il espère avoir réussi mais il ne sait pas. Et je n'aurai les résultats que dans quelques jours. Cela va me sembler une éternité. Mais il va bien falloir que je patiente.

Le lundi, on nous informe au journal télévisé qu'il y a 10 pourcents d'échec, d'habitude c'est 5 %, on est bien au-dessus de la moyenne, l'épreuve était plus compliquée que les précédentes.

Fatalement, je m'inquiète, je me pose des questions et j'ai peur qu'il ne soit dans les 10 %. Aucun appel de l'inspectrice aujourd'hui. On verra demain. Entretemps, Thomas est retourné chez sa mamy. J'ai besoin de souffler et mes parents aussi. Et je pense que Thomas aussi.

Nous sommes mardi et je ne reçois aucun appel. Je commence à m'inquiéter. Ce n'est pas bon signe. Je vais passer une mauvaise nuit.

Mercredi, je suis au bureau, j'ai plusieurs réunions. Je garde mon gsm mais je le mets en silencieux sans vibreur pour ne pas déranger. Je le regarde régulièrement mais je reçois évidemment l'appel quand je suis occupée à parler et je ne le vois pas. Dès que je réalise que c'était l'inspectrice, j'écoute le message. C'est bien l'inspectrice, elle me demande que je la rappelle pour les résultats de Thomas. Je commence à nouveau à douter. Si tout s'était bien passé, elle me l'aurait dit, cela ne sent pas bon.

Mais je prends mon courage à deux mains et je la rappelle, je ne ferai quand même plus rien de bon tant que je ne saurai pas. Olivia, une collègue, est devant moi. Elle me propose de sortir mais je préfère qu'elle reste. C'est un peu égoïste, s'il rate j'aurai besoin d'elle. Elle est bien plus qu'une collègue pour moi, c'est une amie. Elle est au courant de la situation de Thomas. Elle accepte de rester. Je rappelle l'inspectrice, elle décroche tout de suite. Elle me remercie de l'avoir rappelée et me dit qu'elle m'appelait pour me communiquer les résultats de Thomas. Mon cœur bat vite, j'ai une boule au ventre. Que va-t-elle me dire ?

Après les formules de politesse, nous voici dans le vif du sujet. Elle enchaîne : « j'ai une très bonne nouvelle, Thomas a réussi. Il a tout réussi, nous n'avons pas dû délibérer ».

Je n'arrive plus à l'écouter, elle me donne les points mais je ne les retiens pas. Je suis ailleurs. Il a réussi, tous nos efforts ont payé, je n'ai pas fait ça pour rien, il va pouvoir retourner dans l'enseignement général, j'ai les larmes aux yeux mais j'arrive à me contenir. Je la remercie de m'avoir informée. Elle me demande de passer vendredi matin pour la remise de son certificat à Thomas. Bien sûr que je viendrai. Je la salue et je raccroche.

Je demande deux minutes à ma collègue pour reprendre mes esprits. Elle me propose de postposer notre réunion mais je veux terminer, cela risque d'être encore plus compliqué de me concentrer quand j'aurai appelé tout le monde.

Une fois ma réunion terminée, je décide d'aller sur le parking de la société pour appeler les gens que j'estime devoir informer rapidement.

Je commence évidemment par le plus important : Thomas. Comme je regrette à ce moment-là qu'il ne soit pas près de moi, je ne pourrai pas le serrer dans mes bras pour le féliciter. Tant pis, il mérite de savoir tout de suite qu'il a réussi. Je l'appelle. Il décroche tout de suite, je lui demande d'abord comment il va et après qu'il m'ait eu raconté les choses importantes qu'il voulait me dire, je lui dis enfin que j'ai eu l'inspectrice du CEB. Un blanc, il me dit « j'ai raté c'est ça ? ». Je le rassure tout de suite en lui disant que non, que c'est un champion et qu'il a réussi son CEB. Je suis époustouflée par sa réaction, il saute de joie, il crie en courant dans tout le salon, il répète à tue-tête : « J'ai réussi mon CEB, j'ai réussi mon CEB, tu te rends compte j'ai réussi ». Il met un moment à se calmer.

J'arrive enfin à lui dire que je suis fière de lui, qu'il doit être fier de lui aussi et que je ne veux plus jamais qu'il dise qu'il est nul. Il a réussi quelque chose d'exceptionnel et c'est la preuve qu'il n'est pas mauvais, moins bon que certains, mais bien meilleur que d'autres. Il me promet qu'il ne le dira plus, il est rassuré, il avait très peur d'avoir raté et de me décevoir. J'avais peut-être mis trop de pression sur ses épaules et je le réalise à ce moment-là. Tant pis, je ne reviendrai pas en arrière et de toute façon, il a réussi, pas besoin de me tourmenter inutilement pendant des heures pour quelque chose qui ne se reproduira pas. Par contre, c'est important que j'en tienne compte pour le futur.

Appel suivant : mes parents. Ce sont les personnes qui se sont le plus investies dans cette aventure après moi. Je tombe sur papa. Il est ravi, nous sommes plutôt discrets et peu expressifs dans la famille, mais je sens dans le ton de sa voix qu'il est soulagé et heureux pour Thomas. Et fier aussi. Il m'informe que maman est chez la voisine mais qu'il va tout de suite la prévenir, qu'elle me rappelle dans dix minutes. L'appel durera bien plus longtemps avec maman, j'en profite pour vite prévenir le papa de Thomas, qui me remercie pour ce que j'ai fait pour notre garçon. Nous convenons de nous rappeler plus tard parce que je suis au bureau et que je dois encore prévenir d'autres personnes.

Maman m'appelle. Je décroche, mais maman ne parle pas. Elle n'y arrive pas, elle est en larmes. Evidemment, je craque aussi. Toute la pression des derniers mois remonte. Nous sommes soulagées mais épuisées nerveusement et physiquement. L'année a été longue et aucune de nous deux ne se voyait revivre une année comme celle-ci. C'est une vraie délivrance ! Nous nous parlons un peu mais je dois travailler, il faut que je coupe court à l'appel sans ça, je ne m'y remettrai jamais.

Je reste encore quelques minutes dehors histoire de sécher définitivement mes larmes. Et je me remets au travail. J'informe le restant de la famille et mes amis proches par sms, cela prendra moins de temps, j'aurai tout le loisir de les appeler en rentrant du travail.

Le soir venu, une fois tous les appels terminés, je publie sur les réseaux sociaux que Thomas avait réussi, je ne pouvais pas prévenir tout le monde personnellement. Et je ne peux pas m'empêcher de mettre un mot négatif sur l'école. Certains me le reprocheront, mais je pense que personne ne réalise la frustration que j'ai accumulée au cours des années ni surtout, le stress et l'épuisement physique et psychologique résultant de cette année d'enseignement à domicile. Je voulais aussi que les gens en parlent autour d'eux, pour que d'autres ne commettent pas la même erreur que moi. Il ne faut jamais inscrire son enfant là-bas si le but recherché est qu'il puisse faire des études par la suite.

Vendredi, nous nous rendons à la remise du CEB à Gembloux en milieu de matinée. Avant de rencontrer l'inspectrice qui est encore en rendez-vous, nous croisons le directeur qui était responsable de la salle où s'est déroulée l'épreuve. Il vient nous saluer et surtout, il félicite Thomas, qui lui dit fièrement qu'il a réussi son CEB, sans même le saluer.

Le directeur m'explique un peu comment Thomas s'est comporté lors de la semaine du CEB. Quand Thomas saturait, il allait se promener dix minutes dehors, histoire de le faire décompresser. Il m'avait dit durant l'entrevue que je ne devais pas m'inquiéter, que tous les gens dans cette salle seraient pleins de bienveillance pour les enfants. Je réalise à ce moment-là que c'était vrai. Ils étaient réellement attentifs à Thomas et ont vraiment veillé sur lui. Ils l'ont clairement aidé.

Le directeur m'explique que Thomas est plein de ressources, qu'il a parlé à d'autres enfants, qu'il les a même bien fait rire. Un jour, une dame qui surveillait parle de Thomas avec sa collègue. Thomas est selon elle un petit garçon très mignon. Sous ses airs distraits, Thomas écoute toujours tout ce qui se passe autour de lui, il est continuellement à l'écoute. Fatalement, il entend la conversation et ne peut s'empêcher d'intervenir. Il s'adresse à la dame qui vient de parler : « Merci Madame, mais vous êtes un peu trop vieille pour moi ! »

Je reconnais mon Thomas, sans filtre, à toujours tout prendre à la lettre. Visiblement, Thomas a touché beaucoup de personnes par sa politesse, sa sensibilité et surtout sa situation. Je suis finalement plus fière de lui pour ce qu'il est que pour le CEB. Même si c'est parfois très difficile à gérer, Thomas me donne tellement en retour pour ce que je fais. Il est content avec un rien, juste de l'attention suffit. Je l'aime tel qu'il est et je n'ai pas envie de le changer. Il est authentique. Et fatalement, il touche les autres beaucoup plus qu'un enfant sans trouble.

Nous voici à présent chez l'inspectrice. Elle félicite Thomas et me félicite également. Elle trouve exceptionnel ce que nous avons réussi à faire. Entretemps, elle a lu tout le dossier de Thomas et est impressionnée par le travail réalisé cette année. Elle le lui répète, elle veut qu'il réalise que ce n'est pas rien, qu'il reprenne confiance en lui. Elle lui remet son CEB et je vois des étoiles dans les yeux de mon fils. C'est la première fois que quelque chose lié à l'école lui fait plaisir.

Avant de nous laisser partir, l'inspectrice me demande si je peux lui envoyer une photo de Thomas, CEB à la main, entouré de toutes les personnes qui l'ont aidé à l'obtenir. Elle me dit que tout le monde sait maintenant qui est Thomas à la Fédération et qu'elle voudrait vraiment une photo en souvenirs, pour se rappeler qu'il est possible de réaliser de grandes choses quand on est bien entouré. Je lui enverrai cette photo quelques jours plus tard.

L'ancienne école de Thomas est à deux rues de l'endroit où nous nous trouvons. Je propose à Thomas d'aller montrer son CEB à son dernier instituteur. Il accepte tout de suite. J'appelle vite pour m'assurer que nous pouvons passer et que Monsieur G. est bien présent. Nous avons l'accord et dix minutes plus tard, nous voici dans le hall d'entrée de l'école. Dès notre entrée, nous croisons la prof de sport, la logopède et une institutrice que Thomas n'a jamais eue. Elles lui demandent ce qu'il vient faire et Thomas leur montre son CEB. Elles ont l'air fort étonnées. Mais elles le félicitent et nous informent de l'endroit où nous pouvons trouver Monsieur G.

Nous nous rendons dans la classe de cet instituteur mais il ne s'y trouve pas. Il arrive toutefois à notre rencontre, quelqu'un l'a informé de la visite de Thomas. Il est ravi de le revoir et lui demande ce qu'il a d'important à lui montrer. Thomas lui tend fièrement son diplôme.

L'émotion est perceptible dans le regard de ce monsieur, il est émerveillé, il prend quelques secondes avant de pouvoir s'adresser à Thomas, il est touché qu'il soit venu lui montrer sa réussite. Il le félicite, il lui dit qu'il est vraiment content pour lui, qu'il peut être très fier de lui et puis, il s'adresse à moi en me disant que c'est formidable ce que nous avons réussi. Nous sommes dans le couloir, le bureau du centre PMS est deux portes plus loin et la psychologue entend de suite que nous sommes là.

Elle vient à notre rencontre et félicite Thomas. Thomas est aux anges, tant de compliments, il n'en a pas l'habitude. Ses yeux pétillent, il est le héros aujourd'hui. Je salue l'instituteur, je discute en vitesse avec le PMS de la prochaine étape maintenant que Thomas a son CEB et nous repartons.

Nous traversons deux couloirs vitrés qui mènent à la sortie. Les fenêtres de ces couloirs donnent sur la cour de récréation. Des enfants y jouent et se dirigent vers la vitre en voyant Thomas. Il n'y a pas d'isolation acoustique et nous pouvons clairement comprendre ce qu'ils disent et inversement.

Thomas colle fièrement son CEB contre la fenêtre et leur dit avec un ton provocant « moi, j'ai mon CEB », sous-entendu vous ne l'avez pas vous ! En temps normal, j'aurais demandé à Thomas d'arrêter cette provocation mais ces enfants l'ont tellement fait souffrir, il a besoin de savourer sa victoire sur eux. De plus, ils demandent ce que c'est, je ne réponds pas, Thomas dit juste que c'est son CEB. Ils ne savent pas ce que c'est et ne le sauront probablement jamais. Je les vois sourire, ils se disent sûrement que Thomas est vraiment un idiot avec son bête papier. Du coup, je laisse Thomas profiter de ce moment, il est tellement dans son monde qu'il ne voit même pas que les autres enfants commencent à se moquer de lui et moi je me dis que ces derniers ne peuvent pas souffrir de quelque chose qu'ils ne comprennent pas.

Nous arrivons à la sortie lorsque je croise la directrice. Elle vient à notre rencontre. Elle tient à féliciter Thomas, elle me dit qu'elle n'a jamais douté de lui et qu'elle savait qu'il y arriverait parce que c'est un enfant très intelligent.

Vous n'imaginez pas à quel point j'ai envie de lui dire tout le mal que je pense de son école, de sa gestion, de son manque de recul et de remise en question, de son incapacité à tirer les enfants vers le haut, de la facilité choisie par son corps enseignant et j'en passe. Mais Thomas est avec moi. Et je ne veux pas discuter devant lui, je veux que son dernier passage dans cette école soit positif du début à la fin. Je me contente de la remercier et m'excuse en prétextant que je suis pressée et que je dois y aller. Je n'aurais pas pu contenir toute ma colère envers elle et son établissement très longtemps.

Le lundi, dernière étape, je vais remettre une copie du CEB dans la future école de Thomas, je remets le dossier confidentiel complété le plus honnêtement possible, je ne cache rien des problèmes et difficultés de Thomas et j'informe la secrétaire que nous sommes en train de constituer un dossier d'intégration.

Voilà, tout est mis en place pour que le retour de Thomas se passe au mieux. La page des années primaires se tourne, en route vers les secondaires dans l'enseignement général. Je vais pouvoir souffler quelques semaines et je fais la promesse à Thomas de le laisser tranquille pendant toutes les vacances. Il a bien mérité les deux mois de repos qui l'attendent. J'avais envisagé à un moment de lui faire faire du néerlandais pendant les congés mais je réalise qu'il est à bout, qu'il faut que je le laisse décompresser et que j'oublie l'école quelques temps. Il vaut mieux faire un break afin qu'il reprenne les cours en septembre avec les batteries rechargées. Je travaillerai le néerlandais à ce moment-là.

Pendant les vacances, il aura tout le loisir de regarder ses séries policières américaines et de se reposer. Pendant deux mois, on oublie les apprentissages et on profite de l'été.

PARTIE II

Chapitre 10– Première secondaire –
Ecole à pédagogie active

Avant d'aborder le sujet de l'école, parlons du nouveau centre d'intérêt de Thomas : le FBI et toutes les sections du FBI : la DEA, le SWAT, la NSA, etc. Il regarde en boucle toutes les séries policières américaines. Il connaît tout, il pose cinquante fois les mêmes questions, il ne parle plus que de cela. Washington devient tout à coup la ville la plus importante des Etats-Unis d'Amérique à ses yeux. Je dois savoir combien de départements possède l'état de Washington, combien de districts policiers, et je vous en passe. Fatalement, je suis ignorante sur le sujet et Thomas en sait vite beaucoup plus que moi. Mais une fois de plus, Google est un super allié pour m'aider !

Il transforme aussi tous ses personnages Playmobil® avec lesquels il joue encore énormément, il leur ajoute l'insigne du SWAT ou du FBI, je ne vous dis pas la consommation d'étiquettes à la maison et de ruban adhésif…. Et quand il fait cela, il s'applique et devient tout à coup beaucoup moins maladroit, voire super précis. C'est incroyable la différence d'application et de soin quand il fait quelque chose qui l'intéresse et quand il bâcle une tâche sans intérêt à ses yeux.

Revenons-en à la scolarité de Thomas. Comme vous le savez, il est inscrit dans une école à pédagogie active. Je suis convaincue que comprendre à quoi sert une matière, un exercice aidera Thomas à s'investir dans ce qu'il fait ; je ne vous dis pas le nombre de fois qu'il m'a dit que ce que je lui faisais étudier ne servait à rien.

Lorsque j'ai finalisé le dossier de Thomas, j'ai transmis les rapports de la neuropédiatre et de la neuropsychologue pour que l'école soit bien au courant des soucis de Thomas. J'ai aussi remis une lettre du pédopsychiatre. Malheureusement, je n'ai pas réussi à obtenir un dossier d'insertion car l'école à pédagogie active ne collabore pas avec des écoles de type 8 et nous n'avons par conséquent pas pu obtenir une aide. Tant pis, il faudra que Thomas s'adapte sans aide.

Avant de parler de l'école, faisons une petite mise au point sur les conclusions du pédopsychiatre et du contexte familial.

Le pédopsychiatre a conclu que Thomas souffrait bien d'un déficit d'attention avec hyperactivité et anxiété généralisée, il est Haut Potentiel (même si nous n'avons pas refait les tests) et il considère que Thomas est trop fusionnel avec moi et doit apprendre à couper le cordon. Je dois l'aider si je veux qu'il progresse. Il souhaite prolonger les anxiolytiques mais je ne vois aucune amélioration au bout de trois mois et comme je suis contre les traitements médicamenteux, j'arrête. Il voudrait aussi que je mette Thomas à l'internat mais je refuse, je lui explique que Thomas se sentirait abandonné et qu'il n'est pas question que je lui fasse cela. Nous en discutons et finalement, je décide quand même d'un peu moins vivre pour lui et de penser un peu à moi.

Je m'installe alors en septembre avec mon compagnon Philippe (Thomas ne voulait pas vivre avec Philippe ni quitter la maison dans laquelle il a toujours habité avec moi). J'ai dès lors imposé à Thomas en quinze jours de temps, une nouvelle école dans laquelle il ne connaissait aucun élève, une nouvelle maison et la cohabitation avec trois nouvelles personnes qu'il ne considère pas comme des membres de sa famille. A ses yeux, sa famille se limite à ses frères et sœur, ses grands-parents, ses oncles et tante et ses cousins et cousines.

Seules les compagnes de ses frères ont pu entrer dans le cercle familial. Mon compagnon ainsi que la compagne de son papa ne sont, à ses yeux, que des intrus qu'il faut chasser. Je pense qu'il ne les acceptera jamais, il les verra toujours comme un obstacle pour que ses parents se remettent ensemble. Nous avons beau lui expliquer, son papa et moi, que nous ne revivrons jamais sous le même toit, je pense que Thomas a énormément de mal à l'accepter. Et en plus, il ne veut pas que quelqu'un prenne la place de son papa ou de sa maman, inutile d'essayer de lui expliquer que ce n'est pas le but et que personne ne prendra la place d'un de ses parents, Thomas fait la sourde oreille.

Ce pédopsychiatre n'a jamais diagnostiqué de syndrome autistique à Thomas malgré ses consultations hebdomadaires pendant plusieurs semaines. Thomas avait un bon contact avec lui, ce manque de diagnostic s'explique peut-être dans cette relation.

Si j'avais su que Thomas était autiste Asperger, je ne lui aurais jamais imposé tout cela en quinze jours de temps. Mais j'ai fait confiance au pédopsychiatre malgré mes doutes. Je me suis dit que je me trompais peut-être et que c'était lui le spécialiste.

Thomas rentre dans sa nouvelle école début septembre. Il ne parle pas beaucoup, il semble avoir quelques amis, mais il est très discret sur ce qu'ils font en classe. Son journal de classe n'est rempli qu'à moitié. Je vois qu'il a du mal à suivre mais il n'a pas l'habitude non plus. Les autres enfants viennent principalement d'écoles primaires à pédagogie active, ils sont bien plus habitués que lui. Je ne m'inquiète pas, cela va venir.

Je rencontre rapidement son titulaire qui me dit que Thomas a effectivement des difficultés mais beaucoup moins que d'autres enfants. Je suis rassurée même si je trouve Thomas fort nerveux. Il commence à développer plus de TOC, il attrape des boutons de stress. J'augmente les séances de sophrologie chez ma sœur pour essayer de le calmer mais c'est compliqué. Il n'a plus sa bulle à la maison, il a perdu ses repères. Et il doit s'adapter à un tout nouveau système d'enseignement, avec des personnes qu'il ne connaissait pas avant.

Je suis intriguée par le fait que Thomas perde régulièrement des camarades de classe à l'école. Il rentre tous les quinze jours en me disant qu'un tel a changé d'école, qu'un autre ne vient plus depuis dix jours. Bref, il perd ses deux meilleurs amis en trois semaines. Je ne comprends pas bien car nous sommes en octobre et normalement, les enfants ne changent plus d'école comme cela à partir du 1er octobre.

Je rencontre les éducateurs à deux reprises car Thomas a des crises de stress et ils n'arrivent pas à le calmer. Je rencontre aussi le PMS de l'école. Le stress de Thomas augmente car il y a un séjour en classe verte prévu après le congé de Toussaint et c'est très compliqué pour lui. Il ne sait pas ce qui l'attend et il n'a pas l'habitude de déloger. Il va se retrouver seul, sans moi, sans ses frères et sœur, sans son papa et tout cela l'inquiète très fort. Il n'aura aucun repère et les photos sur internet sont très limitées donc je ne peux pas vraiment le familiariser avec l'environnement qui l'attendra.

Nous nous mettons tous d'accord, je transmets des exercices de sophrologie à lui faire faire quand il est trop nerveux et qu'il n'arrive pas à reprendre son calme, il partira avec en classes vertes et la psychologue du PMS va le voir régulièrement le mardi.

Je reçois le premier bulletin qui n'est pas glorieux, mais les professeurs soulignent qu'il est de bonne volonté. Il doit toutefois beaucoup plus s'impliquer dans les travaux de groupes et respecter les autres.

J'apprends qu'il a, un jour, fait un trait de colle au milieu du banc après l'avoir eu mesuré pour que sa voisine n'envahisse plus son espace. Cette fille essayait simplement de l'aider.... J'essaie de lui expliquer que les autres enfants de la classe doivent devenir ses alliés et qu'il doit accepter leur aide. Mais il ne veut rien entendre. Lui, il est bien mieux tout seul et il n'a pas besoin d'eux. Et il ne veut pas partager son espace, il ne veut pas que la fille l'aide. Il finira par se retrouver tout seul sur un banc.

Le séjour en classes vertes se passe très mal. Je m'en doutais car sur toutes les photos du séjour que les accompagnants avaient mises sur Facebook, je ne vois jamais Thomas. Il revient avec encore plus de TOC : il pousse des cris continuellement, il se frappe, il se mord, il est plein de boutons de stress et surtout il crache et ne supporte plus la salive. En défaisant sa valise, je me rends compte qu'il ne s'est pas lavé. Il a une bosse et la cohabitation dans la chambre s'est visiblement mal passée, l'autre enfant lui a claqué la porte au nez lorsqu'il voulait entrer. Il a visiblement dégusté et ce séjour a été chaotique pour lui. Il va vraiment mal.

Je vais en urgence chez ma sœur à son retour. Thomas est en pleine crise d'anxiété. Ma sœur n'arrive plus à le gérer pendant les séances de sophrologie. Elle ne l'a jamais vu dans cet état-là.

J'avoue que j'hésite à aller aux urgences pour le faire hospitaliser mais il hurle et refuse, il dit qu'il va prendre sur lui, qu'il ne veut pas dormir à l'hôpital, il est encore plus en crise quand je lui parle d'y aller. J'ai peur de faire pire que bien et j'essaye par conséquent de gérer au mieux à la maison. Je ne veux pas retourner chez le pédopsychiatre qui n'a rien compris aux problèmes de Thomas. Et surtout, je suis contre les médicaments neuroleptiques avant la fin de la croissance.

Thomas décroche un peu à l'école, il ne remplit plus son journal de classe, il a même une retenue. L'attitude de l'école change complètement par rapport à lui. Autant je trouvais les gens bienveillants à son égard avant le voyage en classes vertes, autant ils sont à présent sur son dos, intolérants, ils ne laissent plus rien passer. Thomas a été en retenue car il a signé à ma place une remarque de comportement. Je ris quand je vois la signature, quelle mauvaise copie, quelle naïveté de penser que cela passerait. Je lui dis qu'il n'est plus question qu'il fasse cela mais en même temps, je me dis que je trouve dans son acte un peu de « normalité ». Il n'est pas le premier ni le dernier ado à essayer d'imiter la signature de ses parents.

Je réalise que la situation va être compliquée, qu'il n'a plus aucune aide des éducateurs, que les enseignants veulent le rabaisser. Thomas avait fait un travail à la maison, la prof de français lui demande de le refaire en classe sans aide. Toute la bonne volonté de l'école présente au début de l'année s'est envolée. Thomas est livré à lui-même et doit se débrouiller seul.

Je fais du mieux que je peux, je n'ai pas fait tout ça pour que cela n'aille pas. Je vais être patiente avec Thomas et essayer de l'aider dans ses travaux. Le gros souci pour Thomas c'est la quantité de travaux importants à faire. Il y a énormément de recherches, il faut faire des panneaux ou des maquettes. Quand le sujet l'intéresse, il veut bien faire les recherches mais quand ce n'est pas le cas, il ne fait rien et il faut batailler dur.

Et comme son centre d'intérêt du moment se limite aux Etats-Unis d'Amérique, tous les travaux lui pèsent. Sauf celui pour le marché de Noël de l'école. Il peut choisir le thème. Il va évidemment présenter le FBI. Et là, il sait de quoi il veut parler, pas besoin de faire de recherches, il sait tout par cœur. Il sait ce qu'il va mettre sur son panneau, ce qu'il va dire lors de sa présentation.

Début décembre, je reçois un email de l'école me convoquant à une réunion en pleine journée, sans avoir préalablement demandé mon avis. Je refuse, je ne suis pas à leur disposition. Ils sont de mauvaise volonté avec Thomas, je vais être de mauvaise volonté avec eux aussi. Je leur dis que je suis débordée au travail (ce qui est le cas) et que je n'ai plus droit à des congés, vu que je les ai majoritairement utilisés pour l'enseignement à domicile, et que je ne peux venir à une réunion qu'après 16 heures. Mais fatalement, ça ne les arrange pas. Ces personnes terminent à 16 heures et la réunion doit avoir lieu en journée. Ma réponse est claire : elle aura lieu en janvier dans ce cas-là. Si les personnes doivent garder leur pause de midi et finir à 16 heures, il n'y a pas de créneau durant lequel je suis disponible. Si c'est si important, que ces gens se libèrent !

Je rencontre toutefois le PMS qui me parle à son tour d'autisme pour Thomas. La psychologue me conseille de remettre Thomas dans l'enseignement spécialisé. Je refuse catégoriquement. Elle accepte ma décision, elle comprend que c'est difficile à accepter après tous les efforts que j'ai consentis pour remettre Thomas dans l'enseignement général. Mais elle me demande quand même d'y réfléchir car elle chercherait une école dans laquelle il pourra passer son CE1D et dont le niveau d'enseignement serait correct.

Je rapporte ma discussion avec le PMS à ma sœur. Elle me parle alors du syndrome d'Asperger. Elle y pensait depuis longtemps mais ne savait pas comment aborder le sujet. Elle me transmet un livre et me demande d'y jeter un œil. Pour elle, c'est évident, Thomas est autiste Asperger et va avoir beaucoup de mal dans cette école qui prône le travail de groupe. Pour elle, le PMS a raison. Je suis en congé entre Noël et Nouvel An, je lirai ce livre à ce moment-là, j'ai trop de travail à terminer avant les fêtes de fin d 'année. Cela ne vient de toute façon plus à une semaine.

J'accepte finalement un rendez-vous avec l'école la dernière semaine avant les congés, le jeudi sur le temps de midi. Le harcèlement de la secrétaire devenait lourd à supporter. Je sens que la réunion va être très négative et ne va pas me plaire du tout.

Je suis accueillie par le directeur, l'éducateur de Thomas et son titulaire. En présence du directeur, le ton du titulaire et de l'éducateur est tout autre. Plus aucune gentillesse, plus la moindre bienveillance, juste de l'agressivité et du négativisme. Rien ne va plus, rien n'ira plus, Thomas doit changer d'école, JE dois le changer d'école. Il ne s'adapte pas à la méthode de l'école, il n'a pas d'ami, il n'est pas du tout intégré. Je suis estomaquée. Je vois parfois Thomas sortir avec d'autres enfants et il me raconte jouer avec eux.

Le directeur me dit que le PMS a déjà une autre école pour Thomas, dans laquelle il peut aller début janvier. Je n'en reviens pas. J'avais dit à la psychologue du PMS que je ne voulais pas changer Thomas d'école et elle m'avait dit qu'elle ne cherchait pas d'école. Le directeur me ment, il exagère pour m'influencer et me faire aller dans son sens. Je suis certaine que la psychologue du PMS est honnête.

Mon message est clair, je ne changerai pas Thomas, il fera son année dans cette école.

Cette dernière reçoit des subsides pour la réintégration des enfants venant du spécialisé dans le général, le directeur ne peut pas renvoyer Thomas. Je comprends mieux tous les départs très étranges à des moments tout à fait inopportuns. J'imagine que les parents de ces enfants ont eu droit à la même réunion que moi.

Je comprends tout de suite le jeu malsain de la direction et je refuse de céder au chantage. Vous n'avez qu'à le renvoyer s'il ne convient pas. Fatalement, ma réponse n'arrange pas le directeur. Et il devient mal poli, agressif, il m'attaque, il menace même de pourrir la vie de Thomas, d'appliquer la tolérance zéro avec lui histoire de lui rendre la vie impossible à l'école et de le renvoyer au bout de trois semaines.

Je lui dis que si c'est sa vision des choses, je l'accepte, il n'a qu'à faire ce que bon lui semble, s'il estime que cette façon de traiter un enfant reflète les valeurs de son école, c'est son droit. Je précise quand même que j'ai du mal à les retrouver mais que je dois avoir une compréhension erronée des valeurs mentionnées sur le site internet de l'école qui prônent une toute autre attitude de la part du personnel enseignant et des éducateurs. Il est fâché, non il est furieux, il me promet un compte-rendu de la réunion, je lui dis que je l'attends avec impatience, car c'est une procédure de renvoi déguisée. Inutile de vous dire que plus d'un an après, je n'ai jamais reçu ce fameux compte-rendu. Il n'allait fatalement pas le faire, il a bien compris que je n'aurais eu aucun scrupule à l'utiliser contre lui et à le faire suivre à la Fédération

Wallonie-Bruxelles, histoire que l'inspection soit au courant de la façon dont les enfants venant du spécialisé sont traités dans cet établissement scolaire.

Thomas fait sa présentation le lendemain, je ne sais pas y assister à cause du travail mais il aura les félicitations de son titulaire, de son éducateur et de différents parents qui y assistent. Il est content. Il est fier de lui. Et moi aussi. Je ne lui ai pas encore parlé de ma réunion de la veille, je lui en parlerai pendant les vacances. Il est clair que même si j'ai été très catégorique durant la réunion, je vais demander son avis à Thomas et je n'ai évidemment aucune envie qu'il se fasse malmener par les éducateurs et les enseignants. Je veux qu'il apprenne des choses mais je veux aussi qu'il aille bien, je ne veux pas encore augmenter son stress. J'ai quand même tiré quelques laçons de mon expérience de l'année précédente et il n'est pas question de retomber dans des travers qui ne feraient que nuire à Thomas. Un diplôme oui, mais pas à n'importe quel prix !

Durant la journée, j'ai quand même envoyé un message au centre PMS. J'ai eu une réponse tout de suite : aucune démarche n'a été entreprise par le PMS vu que je ne souhaitais pas changer Thomas d'école. Thomas n'a aucune place dans un autre établissement, mais elle me parle quand même de l'école pour autistes à Louvain-la-Neuve. Le niveau de l'enseignement y est bon. Il est vraiment temps que je lise les livres dont ma sœur m'a parlé, si la psychologue me parle d'une école juste pour les autistes, c'est qu'elle est sûre d'elle.

Je décide donc de profiter de mes congés pour lire les documents et livres que j'ai reçus. Au fil des pages, j'ai de plus en plus l'impression qu'on parle de

Thomas, il y a tellement de similitudes, je suis époustouflée. Comment personne ne m'en a parlé auparavant ? Comment le pédopsychiatre ne l'a-t-il pas remarqué ? Je ne connaissais rien sur les troubles du syndrome autistique mais je reconnais Thomas dans tant de points. Je n'ai pas besoin de faire de tests, pas besoin d'une confirmation d'un pédopsychiatre ou d'une neuropédiatre, il est évident que Thomas est autiste Asperger. Ma sœur a raison et les deux psychologues du PMS aussi.

Je comprends mieux pourquoi Thomas a autant de mal depuis quelques semaines. Heureusement que je ne l'ai pas envoyé à l'internat. Ceci dit, je ne l'ai pas du tout aidé en déménageant, en le changeant d'école et en incluant Philippe et ses enfants dans son cercle familial en deux semaines.

Il ne fait pas exprès d'être impossible à la maison, il est juste mal, en manque de repères, et il va lui falloir du temps pour s'adapter. Et à l'école, l'obliger à travailler en groupes doit certainement lui demander des efforts démesurés. Si on ajoute son hyperactivé, ses troubles dyslexiques et son déficit d'attention, Thomas doit vivre un enfer à l'école. Que dois-je faire ? Dois-je vraiment me battre et le laisser dans cette école où il devra toujours aller contre sa nature ? Dois-je le changer ? Et lui retirer les quelques repères qu'il a pu trouver dans cette école, ses quelques amis ? Encore lui imposer un changement ?

Je ne peux pas décider pour lui, en fait, je ne veux plus décider pour lui.

Je vais voir le site internet de cette école pour autistes. Ils ont une section avec le programme de secondaires normal donc visiblement l'enseignement est correct. Mais c'est sur un autre site. La section autisme a un programme de cours bien différent. Nous verrons bien.

Par chance, mes parents ont les coordonnées d'un éducateur qui travaille dans cet établissement. C'est mon ancien voisin. Je décide de l'appeler pour déjà avoir une idée des possibilités. Si des enfants arrivent en cours d'année ou pas. S'ils ont des listes d'attente. Je dois avoir toutes ces informations avant même d'en parler à Thomas. Je décide d'appeler cette personne.

Il attendait mon appel. Il me conseille le site de Louvain-la-Neuve, qui sera bien mieux pour Thomas. Les enfants à Chastre sont parfois agressifs et sont en partie internes. Pour les enfants autistes, il n'a aucun doute, Louvain-la-Neuve est la meilleure option et je ne dois pas m'inquiéter. Malheureusement, il ne sait pas me renseigner pour les places disponibles et je devrai attendre la fin des vacances scolaires.

Je décide quand même de parler à Thomas de la réunion que j'ai eue avec le directeur, l'éducateur et son titulaire. Il faut qu'il sache. Je lui explique ce qu'ils m'ont dit, les plaintes qu'ils ont contre lui, le fait qu'ils risquent de ne plus rien laisser passer et du coup, de le punir tous les jours. C'est difficile, je vois Thomas se décomposer. Il ne veut pas changer d'école, il ne veut pas perdre ses potes comme il dit. Je lui explique que dans ce cas-là, il va devoir faire de gros efforts. Il accepte. Il est super déçu par l'éducateur, pour lui, cet éducateur était un allié, certainement pas un ennemi. Il se sent trahi. Une déception supplémentaire à ajouter à une liste déjà bien longue….

Le lundi de la rentrée, c'est le cœur gros que je le dépose à l'école. J'ai peur. Comment vont-ils agir avec lui ? Comment va-t-il vivre les choses, lui qui a un énorme besoin de justice et qui est hypersensible ? Si tout à coup les règles changent, cela va profondément le déstabiliser. Il ne trouvera pas cela juste.

Il va se révolter. Pourvu qu'il ne devienne pas agressif. Si l'attitude de l'éducateur change, sa journée risque d'être fort compliquée et la mienne va me sembler interminable.

Mes inquiétudes ne me lâchent pas, cela va vite devenir ingérable, invivable. Je regarde mes emails personnels plusieurs fois dans la matinée. Je vérifie régulièrement mon téléphone portable pour m'assurer que je n'ai pas manqué d'appel ni de mails de l'école. Mais rien. Aucun appel, aucun message pour le moment. Peu importe, il faut quand même que j'ai un plan B. Le directeur m'avait dit qu'en trois semaines, ils en auraient assez pour renvoyer Thomas.

Je me décide alors à envoyer un message au directeur de l'école pour autistes. On verra bien ce qu'il me répondra.

Je n'aurai pas à attendre très longtemps pour savoir. Cinq minutes après l'envoi du message, je reçois un appel du directeur. Je lui explique la situation, les menaces reçues, mes doutes, la tristesse de Thomas. Il me dit que seul Thomas peut choisir mais qu'il doit choisir en pleine connaissance de cause. Il me propose de passer le jour-même à l'école, pour une visite, pour une rencontre avec Thomas. J'accepte évidemment. Je serai un peu plus fixée après cette réunion.

Je repars du bureau, je vais rechercher Thomas et lui explique que nous ne rentrons pas tout de suite à la maison, que nous allons voir l'autre école. Il ne comprend pas, il n'a pas été puni, il n'a pas eu de remarque, pourquoi va-t-on voir l'autre école ? Je dois lui expliquer que je ne veux pas me retrouver sans solution et que nous devons savoir si cette école pourrait ou non lui convenir.

J'arrive à l'école, enfin j'arrive devant les bâtiments. Je suis un peu perdue.

Cela n'a rien d'une école, c'est un bâtiment de plusieurs étages. L'école est au rez-de-chaussée et au sous-sol. Il y a des sociétés au premier et au deuxième étage. Il n'y a pas l'air d'avoir une cour de récréation.

Nous attendons dans un couloir. Le personnel est en réunion avec le directeur, ils parlent des enfants et de ce qu'ils peuvent faire pour les aider. Aucune critique, juste des constatations et des questionnements pour aider au mieux l'enfant, pour adopter des attitudes communes entre chaque membre du personnel. Après la mauvaise impression que j'ai eu en voyant les bâtiments, je suis contente de voir qu'à 17h45 tout le monde est encore présent pour discuter des élèves et qu'il n'y a que de la bienveillance dans cette réunion.

Thomas est hyper angoissé. Il n'arrête pas de gesticuler, tous ses TOC explosent. Il ne tient pas en place. J'essaie de le calmer mais impossible. Le directeur arrive. Je m'excuse et lui dis que Thomas a du mal, qu'il est un peu perdu. Il propose tout de suite à Thomas de faire le tour, de cette manière, il bouge un petit peu et on discutera par après. Ce directeur me rassure tout de suite : on dirait qu'il ne voit pas les gestes intempestifs de Thomas, qu'il n'entend pas les petits cris qu'il pousse, à chaque fois qu'il voit un geste de recul de Thomas, il s'arrête et fait ce qu'il faut pour que Thomas soit rassuré. Il lui parle, c'est sa visite, il n'essaie à aucun moment de me convaincre, il ne m'adresse pas la parole, il ne me regarde pas, il explique juste les choses à Thomas, en respectant les temps d'écoute et les moments où Thomas a du mal à se contenir. Il fait une pause à chaque fois que Thomas en a besoin.

L'école est finalement bien agencée, il y a une cour de récréation au sous-sol, à l'intérieur et ils ont accès à la cour du lycée en face. Il y a une salle de gymnastique, une cuisine, et surtout, une pièce centrale avec une grande table, des jeux et des livres. Les classes sont réparties autour de cette pièce centrale. Il y en a trois à cet étage et une au sous-sol.

L'école est complète mais vu le mal-être dans lequel Thomas se trouve, le directeur est prêt à l'ajouter dans une des classes. Mais fatalement Thomas ne sait pas ce qu'il veut et moi non plus.

Le directeur propose alors à Thomas de venir deux jours à l'essai, à la fin de la semaine. De cette façon, il verra comment se déroule une journée à l'école et il pourra faire son choix. Thomas accepte. Il viendra jeudi et vendredi. Ce n'est évidemment pas l'école de mes rêves pour Thomas, les bâtiments ne ressemblent absolument pas à une école, mais le personnel est à notre écoute. Le directeur nous propose de chambouler l'organisation d'une classe pour Thomas, je lui dis que je ne sais pas et au lieu de nous presser pour décider comme l'aurait fait la majorité des gens, il propose à Thomas de venir faire un essai deux jours dans cette école. Quelle ouverture d'esprit ! Quelle bienveillance par rapport à Thomas ! Il ne le connait pas mais j'ai le sentiment qu'il en prend déjà soin.

Les deux autres jours se passent bien pour Thomas dans son école actuelle. Cela ne nous aide évidemment pas à prendre une décision. Visiblement, l'éducateur ne va pas persécuter Thomas et les professeurs non plus. Maintenant, ils ne vont peut-être pas l'aider dans les cours et Thomas risque donc de vite se retrouver dépassé, en décrochage scolaire. Et par conséquence, de reperdre à nouveau confiance en lui. Le choix va être compliqué vendredi.

Jeudi matin, je dépose Thomas dans l'école pour autistes. Il est inquiet mais étrangement, il y va assez facilement. A la limite, je le vis bien plus mal que lui. Encore un changement. Je n'arrête pas alors que dans tous les livres que j'ai lus sur l'autisme, changer les habitudes et les repères d'un enfant autiste est bien la dernière chose à faire. Et, je dois bien l'admettre, retirer Thomas de l'enseignement général est un échec pour moi….

Je culpabilise, je me dis que j'aurais dû me rendre compte de son autisme bien plus tôt et que je n'ai pas arrêté de prendre des mauvaises décisions, de faire les mauvais choix. Que mon envie de remettre Thomas dans l'enseignement général m'a rendue aveugle. J'avais décidé qu'il retournerait dans le général et je n'ai jamais demandé à Thomas ce que lui voulait. Je m'en veux tellement.

Fini mon obstination pour l'enseignement général, la décision sera prise par Thomas demain. Peu importe le niveau de l'école, on trouvera des solutions, l'important aujourd'hui est que Thomas se sente bien. Les diplômes me semblent en une fois secondaires. Je dois arrêter de me voiler la face et accepter la différence de Thomas. Et bien entendu, je dois en tenir compte dans toutes les décisions. Il n'est pas comme nous, il n'est pas comme moi, je ne comprends pas toutes ses réactions, toutes ses attitudes, donc il va devoir s'impliquer dans les choix. Je ne veux plus qu'il soit en souffrance à l'école. Je veux qu'il s'y sente bien et peu importe ce qu'il y apprendra. S'il n'est pas bien, ses diplômes ne l'aideront pas beaucoup.

Je reçois un appel de l'école actuelle de Thomas. Je ne décroche pas, je ne les ai volontairement pas prévenus que Thomas passait un test ailleurs, vu le peu de respect qu'ils m'ont montré en réunion en décembre. De plus, je ne sais pas trop comment la situation va évoluer et je me dis qu'il vaut mieux ne rien dire tant qu'aucune décision n'est prise. Donc j'ai fait la morte, il sera encore temps de prévenir demain.

Lorsque je récupère Thomas en fin de journée, il est mitigé quand je lui demande comment s'est passé sa journée et ce qu'il pense de l'école. Il ne sait pas, il ne sait pas si c'est mieux que de l'autre côté, ses copains lui ont manqué. Le choix va être compliqué pour lui aussi. Il parle de sa journée sans émotion. Finalement, j'ai le sentiment qu'il ne se sent pas du tout mieux dans cette école. Je ne vais donc pas pouvoir appeler son école actuelle demain matin, je ne leur fais plus confiance et je ne suis toujours pas plus avancée. Tant pis, je ferai l'idiote qui pensait avoir envoyé le mail et a fait une erreur de manipulation. Le soir, j'explique quand même à Thomas que je ne déciderai pas à sa place, que c'est lui le seul qui peut choisir ce qu'il veut et là où il se sent le mieux, qu'il va donc devoir prendre une décision le lendemain en fin de journée.

Il retourne donc dans cette école pour autistes le lendemain. Nous avions convenu avec le directeur que je viendrais rechercher Thomas plus tôt histoire de faire le point sur ces deux journées. Je sonne et rentre donc dans l'école quand les élèves sont encore occupés. Lorsque je le récupère à la fin de la journée, je le découvre tout sourire aux lèvres. Je suis reçue par l'éducatrice, qui me dit que les deux journées se sont bien passées et que Thomas a tout à fait sa place dans leur école, qu'ils sont par conséquent prêts à l'accueillir.

Nous allons alors rejoindre Thomas. Il est tout fier de me dire qu'il a fait son choix et qu'il veut rester dans cette nouvelle école. Je suis quelque peu surprise, je lui demande s'il est certain vu les doutes de la veille. Il m'explique alors qu'il en a parlé avec l'éducatrice et que sa décision est prise. Comme il n'arrivait pas à choisir et que l'école savait que je le laissais décider, l'éducatrice a eu la bonne idée de prendre une feuille de papier et d'y noter les « pour » et les « contre » de cette école pour autistes par rapport à celle à pédagogie active. Et la liste des « pour » est bien plus longue que celle des « contre ». Thomas semble serein. Je leur dis que c'est bon pour moi et que je l'inscris. Le directeur n'étant pas là, il faudra que je le recontacte mais pour le bien-être de Thomas, nous décidons que même si les papiers ne sont pas encore finalisés, Thomas ne retournera plus à son école précédente. Il viendra déjà dans ce nouvel établissement la semaine prochaine. Cette école marque des points, le plus important pour eux est le bien-être de Thomas. La partie administrative est secondaire.

Nous recevons quelques papiers : l'agenda de la semaine, une page avec la photo et le prénom des enfants de la classe de Thomas, pour qu'il puisse s'y habituer, une feuille similaire avec les photos et noms du personnel enseignant et des éducateurs ainsi qu'un papier résumant les horaires et les jours de congé de l'école. Quelle bonne idée les photos ! Ils ont vraiment pensé à tout pour faciliter son intégration.

Dans la voiture, je lui demande de m'expliquer son choix, ce qu'il préfère dans cette école. Les deux points qui ont le plus pesé dans la balance c'est que tous les enfants ont un pc et la plupart des cours se font donc sur l'ordinateur et surtout, que les autres enfants sont comme lui. Dans cette école, on le comprend, les enfants le comprennent, les enseignants le comprennent. C'est confortable. Il peut être lui-même.

Je contacte directement la psychologue du PMS en quittant l'école. Elle me confirme qu'elle fera les papiers nécessaires. Elle me dit que j'ai pris la bonne décision pour l'évolution de Thomas, que ce n'est jamais bon de laisser un enfant dans une école qui n'en veut plus.

J'appelle ensuite le directeur qui me demande de régler les papiers au plus vite. Je passerai donc lundi pour les papiers et repasserai chercher ce qu'il faut dans l'autre école. Le directeur veut aussi me rencontrer pour le Plan Individuel d'Accompagnement de Thomas. Dans cette école, chaque enfant a son programme en fonction des objectifs que l'on veut atteindre avec l'enfant. Il y a des objectifs scolaires mais aussi au niveau de l'attitude.

Le lundi, lorsque je rencontre le directeur, nous discutons de ce que je souhaite pour Thomas, de ce qu'ils peuvent lui apporter. Je leur parle du CE1D. Le directeur m'explique qu'ils doivent travailler beaucoup de choses avec Thomas et qu'ils ne savent pas tout faire mais que des enfants ont obtenu leur CE1D par le passé avec l'aide de la famille. Nous pouvons envisager de fonctionner de la même façon avec Thomas que pour ces autres enfants. J'explique alors que je ne veux plus imposer un rythme trop soutenu à Thomas et que je ne veux pas l'obliger à travailler le weekend ou le soir. Le directeur m'approuve et m'explique alors que ce n'est pas à cela qu'il pensait. Il me propose que Thomas reste un jour par semaine à la maison pour travailler en individuel. Je crois rêver, c'est ce que j'aurais voulu par le passé. Mais qui, selon la directrice de l'ancienne école de Thomas, n'était pas possible…

Je me permets donc de demander au directeur si c'est bien autorisé et il me confirme que oui. Qu'il suffit de mettre un jour fixe. Je n'ai qu'à choisir ce jour moi-même en fonction du programme de la semaine que j'ai reçu le vendredi. Nous convenons que Thomas ne viendra pas le mardi mais bien les autres jours et que l'objectif scolaire à atteindre sera le CE1D dans 18 mois. Pour les objectifs comportementaux, l'équipe décidera en réunion le lundi après avoir eu Thomas un peu plus à l'école. Mais l'important sera de calmer son anxiété et de réduire ses TOC. Inutile de vous dire que je suis ravie de cette entrevue. Je suis convaincue d'avoir trouvé LA meilleure solution pour Thomas. Une école qui le comprend, qui va l'aider à s'épanouir, à mieux gérer ses émotions, à calmer son stress. Et il aura des cours de niveau secondaire général en plus d'un véritable objectif scolaire.

Je ne vous ai pas encore dit mais les enfants sont de passage dans cette école, le but étant de les réintégrer dans l'enseignement général à plus ou moins long terme, en fonction de leur évolution. Et tout cela, avec l'aide d'un éducateur détaché qui les accompagne au moins un an. Il y a un vrai projet scolaire, contrairement à l'autre école d'enseignement spécialisée que Thomas a fréquentée.

Entre-temps, j'ai prévenu l'école à pédagogie active, Thomas ira rechercher toutes ses affaires la semaine suivante. Etrangement, l'éducateur a retrouvé sa gentillesse, plus aucune agressivité, il propose même de voir avec les enseignants si l'un d'eux peut prévoir un moment pendant son cours pour que Thomas puisse dire correctement au revoir à ses amis. Il me rappellera quelques jours plus tard pour me communiquer le jour et l'heure convenues.

Thomas s'adapte à son nouveau rythme, à sa nouvelle école. Il va dire au revoir à ses anciens amis sans aucune tristesse, je suis impressionnée. Une preuve supplémentaire qu'il est bien autiste. Aucune émotion pour dire au revoir. J'ai bien plus mal que lui…

Le directeur m'avait dit qu'il ne s'intégrait pas, qu'il était isolé. Thomas revient à la maison avec des lettres de ses anciens copains de classe, une liste avec tous les numéros de téléphone des enfants ou leur compte Messenger. Certains enfants ont même réalisé des dessins que Thomas pourra utiliser pour faire une enquête FBI. Je suis triste. Pour un enfant non intégré, je trouve que ses copains de classe ont passé beaucoup de temps pour lui dire au revoir. J'ai hésité un moment à envoyer des photos au directeur pour qu'il m'explique mais j'ai renoncé. De toute façon, ce monsieur n'est pas à sa place et n'avouera pas son erreur. Et puis, cela ne changera rien, je dois regarder devant, pas derrière. J'ai une école qui va bien mieux convenir à Thomas, je ne dois pas perdre cela de vue, le reste n'a pas d'importance, il est temps que je range ma frustration au placard…

Je passe à l'école à pédagogie active, pour y récupérer les derniers papiers afin de finaliser le transfert de Thomas. La secrétaire est mal à l'aise. Elle me demande comment va Thomas. Elle le plaint de devoir changer en cours d'année de cette façon. Cette femme sait certainement tout ce qui se passe en coulisses et n'approuve visiblement pas les décisions de sa direction. Elle a dû voir partir d'autres enfants. Thomas n'est pas le premier. Je la rassure, j'ai une belle solution et il a choisi de lui-même. Elle retrouve le sourire et lui souhaite bonne chance pour la suite.

Revenons un petit moment à la liste des points positifs et négatifs. C'est un très bon outil que je vais utiliser à la maison. Depuis septembre, Thomas ne cesse de me reprocher d'avoir déménagé, alors que croyez-moi, j'ai tout fait pour qu'il soit bien dans la nouvelle maison. A un moment, cela me fatigue tellement que je décide de m'asseoir avec lui. Nous prenons une feuille de papier et je lui dis que nous allons faire comme pour l'école, la liste des points positifs et négatifs de la nouvelle maison par rapport à l'ancienne et que si nous trouvons plus de points positifs, il doit me promettre de ne plus me faire de reproches. Il accepte, sans réaliser qu'il va d'office perdre …

Je lui propose de noter moi-même les différents points comme il n'aime pas écrire. J'ai bien entendu une idée derrière la tête : afin d'être certaine que la liste des points positifs soit plus longue que celle des points négatifs, je vais généraliser au maximum les points négatifs, pour pouvoir lui dire que c'est pareil quand il viendra avec un argument plus ou moins similaire qu'un précédent. Je sais que mon compagnon est le gros souci même s'il fait tout pour que Thomas soit bien. Je mettrai donc « Philippe » dans la colonne négative et chaque fois qu'il donnera un point relatif à Philippe, je lui dirai qu'on l'a déjà mis sous « Philippe ». Pour Thomas, Philippe ne fait pas partie de sa famille et il le dérangera donc toujours, quoi qu'il fasse.

Nous commençons donc la liste. Bien entendu, je l'aide à trouver tous les points positifs mais je n'en relève aucun de négatif, il devra les trouver tout seul. Et chaque fois qu'il dit quelque chose sur Philippe, je lui fais remarquer que « Philippe » est déjà écrit et que nous ne pouvons pas ajouter ce point à la liste. J'enchaîne immédiatement avec un point positif.

Inutile de vous dire qu'au bout de quinze minutes, la liste des points positifs est bien plus longue que celle des points négatifs et Thomas est bien obligé d'admettre que cette nouvelle maison est mieux que l'ancienne. Il tiendra sa promesse : je n'ai plus jamais eu de reproche sur notre déménagement. J'ai gardé la liste quelques temps, histoire de pouvoir la lui montrer si jamais il se plaignait mais je n'en ai pas eu besoin. Je n'hésiterai pas à encore utiliser cette méthode à l'avenir, elle m'a bien aidée. Thomas est parfois de mauvaise foi, mais quand vous lui démontrez les choses, il est capable d'admettre avoir eu tort.

Entre-temps, je prends rendez-vous à Grivegnée dans un centre spécialisé dans l'autisme. Le centre SUSA ne me répond pas malgré mes différents appels et messages. Le premier rendez-vous est en avril, il va falloir encore patienter un peu.

Malheureusement, Thomas n'aura pas beaucoup l'occasion d'aller à l'école pour autistes cette année. La COVID-19 fait son apparition et au bout d'un mois et demi, le confinement est en place. Il y a des visioconférences une fois par semaine, des exercices envoyés par les enseignants toutes les semaines mais tout le travail psychologique qui devait être fait ne peut pas l'être à distance. Et une fois le confinement terminé, vu la distanciation sociale à respecter en classe, Thomas ne retourne à l'école que le vendredi. Chaque classe y va un jour, les autres jours continuent de se faire à la maison. Cela fait évidemment bien trop peu pour pouvoir faire évoluer les enfants et la crise sanitaire rend Thomas terriblement anxieux. Hormis le rendez-vous pour le diagnostic où la psychologue me confirme que Thomas est autiste Asperger, tous les rendez-vous chez sa neuropsychologue sont annulés. Pareil pour la sophrologie. Et son aversion pour la salive ne fait qu'empirer. Fatalement, le contexte de la crise sanitaire lui donne raison. Il faut se méfier de la salive des gens. Nous allons avoir énormément de mal à faire disparaitre ce qui est devenu un TOC. J'essaie même la méthode NERTI, réputée pour aider les gens à se débarrasser de leurs TOC. Je sais parfaitement quel a été l'événement déclencheur de ce TOC, la psychologue NERTI me dit que cela vaut la peine d'essayer mais on craint fort que Thomas ne sache pas expliquer son ressenti. Nous fixons quand même un rendez-vous. Et là, ce que nous redoutions se passe. Thomas ne sait pas expliquer ce qu'il ressent quand il voit la salive des gens, la psychologue essaie de le guider mais l'imagination de Thomas prend très vite le dessus. La psychologue arrête la séance avant la fin car elle n'arrive à rien.

J'ai essayé que Thomas soit suivi par d'autres personnes mais le port du masque est vraiment un frein pour lui. Il est incapable de se comporter normalement, il est obnubilé par son masque, il s'en plaint perpétuellement, on n'avance pas. Ce masque occupe toutes ses pensées et je finis par laisser tomber. Le but d'un rendez-vous psychologique est de l'aider. A partir du moment où cela le stresse plus qu'autre chose, il ne sert à rien d'y aller. J'annule donc tous les autres rendez-vous. On reprendra le suivi psychologique plus tard, quand le port du masque ne sera plus obligatoire ou quand Thomas s'y sera habitué.

Je cède du coup pour un chien, un bouledogue français. Cela fait très longtemps que les enfants veulent un chien, j'ai toujours refusé mais vu le contexte actuel, je me dis que cet animal pourrait aider Thomas. Il me promet qu'il ne fera pas d'histoire si le chien le lèche, qu'il acceptera. Et la présence du chien l'apaisera sans doute. Nous accueillerons Baly dans quelques semaines, début juin.

En attendant, nous avançons dans la matière à la maison, mais sans courir. Et j'essaie de travailler un peu l'attitude de Thomas, l'acquisition de codes sociaux, d'émotions. Nous faisons des jeux sur les émotions, des jeux de société, des expériences en sciences. Je ne veux plus commettre la même erreur. Cela ne sert à rien d'avoir des diplômes si on ne sait pas se tenir, se comporter correctement. Thomas doit aussi évoluer à ce niveau-là et accepter la présence et l'opinion des autres.

L'année se termine, j'ai rendez-vous avec le titulaire de Thomas. Je m'y rends sans aucun stress. C'est nouveau pour moi. Par le passé, chaque fois que je me rendais à une réunion des parents, j'avais peur. Ici, je sais que tout se passera bien et que la discussion sera constructive. Fatalement, Thomas n'a pas évolué au niveau de son attitude mais le contexte de la crise sanitaire n'a pas permis au personnel de l'école de travailler comme il l'aurait voulu. Au niveau de la matière, tout va bien.

Thomas réussira quand même à me mettre mal à l'aise. Son titulaire lui demande s'il se sent bien dans sa classe. Et comme d'habitude, au lieu de mettre des gants, mon Thomas lui dit « non, je m'y ennuie beaucoup ». Ce qui fait sourire le professeur. Il ne se vexe pas. Il lui promet même de faire de son mieux pour qu'il s'ennuie moins l'année suivante. Pour aider Thomas dans son adaptation, l'école le laisse avec le même titulaire l'an prochain et dans la même classe. Il ne nous reste plus qu'à attendre septembre en espérant que le contexte sanitaire sera meilleur…

Chapitre 11 – Deuxième année à l'école Les Fantastiques

La crise sanitaire permet quand même une rentrée normale. Mais nous avons changé le programme de Thomas : cette année, il ira trois jours à l'école et restera deux jours à la maison pour préparer son CE1D.

Je choisis toutefois les jours différemment de l'année précédente : je mettrai Thomas les jours où il y a anglais et informatique, parce qu'il a du retard en anglais (il avait néerlandais dans l'autre école) et que j'estime que l'informatique est importante et en plus, Thomas préfère travailler sur le PC, mais pour le reste, je le mettrai quand il a des cours divertissants style arts, gymnastique, musique. Et pour qu'il ne soit pas fatigué car nous avons 45 minutes de route pour aller à l'école (ce qui me fait trois heures par jour car je dois évidemment faire des aller-retour), je décide qu'il ira à l'école un jour sur deux, donc les lundis, mercredis et vendredis. L'école accepte cet horaire.

Pour m'aider dans l'objectif du CE1D, Thomas est pris deux fois par semaine en individuel, histoire de le faire progresser plus vite. Merci ! C'est tellement agréable de ne pas devoir tout faire seule (j'inclus ma famille dans le mot « seule ») et de pouvoir se reposer aussi sur l'école.

Je travaille avec les mêmes manuels scolaires que ceux dans les écoles secondaires mais je me rends compte que cela ennuie Thomas. Même si je vais moins vite, il doit à nouveau faire des feuilles et il se lasse vite, il est distrait, il ne retient pas, sauf en mathématiques car c'est une matière qu'il aime bien. Le reste est compliqué. Même en sciences alors qu'il est passionné par la police scientifique et que sa passion pour les sciences est une des raisons qui m'ont poussée à essayer de le maintenir dans un enseignement général, je le vois très bien laborantin.

Je décide donc de changer de méthodes et tant pis si je perds du temps et si le CE1D doit être reporté d'un an. Je reprends les jeux de sciences que j'avais achetés par le passé, je cherche sur internet des idées d'expériences scientifiques à réaliser à la maison, j'achète le matériel nécessaire et j'abandonne le livre *Essentia*. Il me servira seulement pour savoir quelle matière est importante et j'avoue que les synthèses sont très bien faites. Je l'utiliserai donc juste comme support pour les explications. Fini le livre d'exercices, on ne garde que le manuel de synthèses et références. En plus des expériences, Thomas regarde les émissions « C'est pas sorcier » ou « C'est toujours pas sorcier » ou encore des vidéos sur *YouTube* sur la matière que je veux aborder avec lui.

Et là, la donne change complètement, Thomas s'applique, il retient, il analyse, il est précis dans ses gestes, il est concentré ! Il a un sourire radieux sur le visage. Et il me répète sans cesse « ça me plait ça ». Nous abordons les mélanges et les forces de cette façon et Thomas acquiert très vite la matière. Il demande même pour faire des expériences le weekend. Et quand je lui dis qu'on va faire sciences, il me précise « d'accord, mais la vraie science alors pas les feuilles du livre qui ne servent à rien ».

Pour anglais, l'enseignante de Thomas utilise *Quizlet*[v]. Je me rends compte que cela amuse Thomas, fatalement c'est une méthode d'apprentissage sous forme de jeux sur l'ordinateur. Si vous saviez le nombre d'heures que j'ai passées à essayer de faire étudier des listes de vocabulaire anglais à Thomas. Le lendemain, il a oublié la moitié. Eh bien, nous allons aussi abandonner une partie des feuilles du livre « Of course » et plutôt utiliser *Quizlet* ou des vidéos sur *Youtube*. Cela sera bien plus efficace pour le vocabulaire et la grammaire. Mais en échange, cela me demandera beaucoup plus de temps. Pas grave, je prendrai le temps et nous avancerons au rythme de Thomas. Et s'il a besoin d'un an au lieu de 6 mois et bien, nous prendrons cette année.

Je continue quand même avec le *Nouvel Actimath* en mathématiques. Thomas ne rouspète pas. Je ne vais pas me compliquer la tâche mais je vais quand même essayer qu'il fasse des bricolages ou des constructions chez mes parents le mercredi après-midi pendant lesquelles il révisera ses connaissances en mathématiques sans s'en rendre compte et pourra les mettre en pratique, voir leur utilité et par conséquent, réaliser que cela lui servira dans sa vie quotidienne.

Reste le français, matière que Thomas n'aime pas, mais je n'ai pas encore trouvé une autre façon d'apprendre la grammaire ou de composer des textes sans les écrire… Je passe quand même à l'ordinateur pour certains exercices, surtout pour ceux d'orthographe. Et pour la lecture, il peut lire des mangas ou des livres qu'il choisit lui-même sur les thèmes qui l'intéressent (pas ceux conseillés sur le site de la Fédération).

Pour la géographie, on apprend les pays et les capitales d'Europe via un jeu éducatif : « Les pays d'Europe ». J'utilise aussi d'autres jeux que j'avais reçus : « A la découverte du monde » et « A la découverte de la Belgique ». Et bien entendu, je crée quelques quiz sur *Quizlet*.

Pour histoire, je n'ai encore rien fait. Thomas a toujours été passionné par l'histoire et il connaît déjà énormément de choses grâce à tous ses centres d'intérêt précédents : la Première Guerre mondiale et le débarquement de Normandie, Napoléon et les Anglais pendant la Révolution, l'Empire romain avec Jules César mais aussi Cléopâtre, toute l'histoire des Présidents des Etats-Unis d'Amérique. Il a vu à plusieurs reprises l'histoire de la Belgique à l'école donc je me dis que je pourrai y regarder de plus près par la suite.

Je prends également un abonnement au site *PassEducation*, qui possède quelques exercices en ligne. Et l'école nous fournit pas mal de sites web vu la crise sanitaire actuelle. Le fait d'avoir des livres me permet de savoir quelle matière doit être vue durant cette année et je peux donc cibler les leçons que je donne à Thomas.

Thomas est moins nerveux, il se plaint moins, il a moins l'impression de travailler pour l'école. Et lui apprendre est par conséquent moins fatigant et moins stressant. Je lui laisse toutes les vacances et quand il est malade, je le laisse se reposer, je lui propose juste de regarder des épisodes de la série « C'est pas sorcier ». Comme il adore, il accepte tout de suite et n'a pas l'impression de travailler. Cela reste de la détente pour lui. Il interrompt même l'émission à plusieurs reprises pour me parler de ce qu'il vient de voir. C'est certain, il a emmagasiné et il n'oubliera pas.

Thomas ne raconte pas grand-chose de l'école. Ce que je sais, je l'apprends via le site *Smartschool* de l'école sur lequel se trouve le journal de classe en ligne. La COVID-19 fait son entrée dans la maison juste après le congé de Toussaint et Thomas restera presqu'un mois sans aller à l'école à cause des vacances prolongées et de la quarantaine qu'il doit respecter.

Je suis quand même agréablement surprise un jour où nous faisons du français. Comme pour tous les enfants autistes, Thomas a du mal à cerner les émotions d'après l'expression du visage. Encore plus pour le moment avec le port du masque obligatoire.

Nous abordons le thème des saynètes. A un moment, il y a un exercice de théâtre : Thomas doit mettre son manteau en adoptant différentes émotions : fâché, fatigué, apeuré, … Je me dis que cet exercice va être très compliqué mais qu'il servira doublement donc je décide qu'il va le faire non pas avec deux émotions choisies parmi celles proposées comme le mentionnait le livre mais bien avec toute la liste. Thomas doit choisir sans rien me dire et je dois deviner quelle émotion il joue. Je suis épatée, je devine tout, il se débrouille vraiment bien. Merci l'école. C'est clairement eux qui l'ont fait évoluer à ce niveau-là, même si Thomas a des talents d'acteurs évidents. Il a toujours été expressif dans ses gestes, on m'avait d'ailleurs conseillé à une époque de lui faire faire du théâtre, mais il ne voulait pas et en plus, je craignais fort qu'il n'accepte pas de jouer n'importe quel rôle.

Thomas me parle de quelques amis mais il m'avoue rester souvent seul. Je suis déçue, je veux qu'il apprenne à aller vers les autres. Je lui explique que c'est important et qu'il doit s'obliger à écouter les autres. Le gros problème de Thomas est que si quelqu'un ne parle pas de son sujet de prédilection, il ne l'écoute pas. Il a une imagination débordante pour tout ce qui a un rapport avec son centre d'intérêt mais il n'en a aucune pour tout ce qui ne l'intéresse pas. Il est incapable d'écrire un texte sur un thème qui ne retient pas son intérêt et c'est pareil pour les discussions avec les gens : il abandonne de suite si cela ne parle pas des Etats-Unis ou du FBI mais il ne vous lâchera pas si vous abordez ces sujets-là et il vous apprendra alors énormément de choses. Le seul hic, il risque bien de vous répéter plusieurs fois la même chose.

Evidemment, les enfants à l'école ne sont pas passionnés comme Thomas par le FBI ni par les Etats-Unis. Eux, ce sont les jeux vidéo, les mangas et bien d'autres choses que j'ignore. Thomas trouve quand même deux ou trois copains mais il faut à chaque fois que je lui rappelle le matin de jouer avec les autres.

Lorsque je reçois son bulletin, ce que je craignais est confirmé : Thomas n'a pas de difficultés dans les matières mais il a énormément de mal avec les enseignants et avec les autres enfants. Il s'isole et n'essaie pas de communiquer, il se victimise. Il n'accepte pas les difficultés des autres enfants et les rejette. Je reconnais tout à fait Thomas, dont la devise est la loi du moindre effort. Il attend que tout le monde s'adapte à lui et se complait dans sa situation.

Je suis fâchée, j'en ai assez. Je suis très patiente, probablement trop patiente, mais là cela suffit. Il faut que cela change et qu'il comprenne qu'il n'est pas le centre du monde. Je le menace de tout arrêter et de le remettre dans une autre école où il sera malheureux et la risée des autres enfants de par son comportement. Bien entendu, je n'aurais jamais fait cela mais à un moment, je n'ai pas cinquante façons de le secouer et de lui provoquer un déclic.

Je lui rappelle qu'il a choisi cette école, que je perds trois heures par jour en trajet quand il y va, que je m'investis énormément pour lui et qu'il est grand temps qu'il me montre que tout cela sert à quelque chose. Parce que je pourrais adopter le mode Thomas et attendre que lui agisse. Comme d'habitude, il est muet, je n'ai aucun retour, dès que la conversation ne va pas dans son sens, Thomas se terre dans le silence. Mais je sais qu'il écoute et qu'il va y réfléchir. Je suis consciente que je viens de lui faire mal, parce que je menace quelque part de l'abandonner dans son parcours scolaire, de l'abandonner tout court à ses yeux et il va systématiquement en déduire que je ne l'aime plus. Mais tant pis.

Nous avons cette discussion le mercredi soir. Le jeudi nous faisons l'école à la maison et Thomas s'applique, il travaille seul ses feuilles de français, ne rouspète pas. Je sais qu'il a encore mes menaces de la veille dans la tête.

Le vendredi, je le dépose à l'école, je lui rappelle ce dont nous avons parlé le mercredi, histoire qu'il comprenne que je ne céderai pas. Quand je le récupère, il m'annonce fièrement qu'il a joué au frisbee avec deux autres garçons pendant la récréation, qu'il a découvert qu'un autre enfant regardait aussi les séries télévisées policières américaines. Il a l'air ravi. Je lui fais alors remarquer que sans s'intéresser aux autres, il passe à côté de plein de choses et que c'est pour cela que je me suis fâchée deux jours plus tôt. C'était le dernier jour avant les vacances de Noël.

Thomas me réserve une belle surprise le 31 décembre. Vu le contexte sanitaire, nous sommes à la maison, mon compagnon, Thomas et moi. Nous ne faisons rien de particulier, juste un apéritif supplémentaire. Nous nous forçons toutefois à attendre minuit, cela semble important pour Thomas. Il faut souhaiter une bonne année au chien. Je m'exécute et nous montons. Là, Thomas envoie un message de bonne année à tout son répertoire Messenger. Vu ma surprise, il me dit que c'est important de penser aux autres et donc de leur souhaiter la bonne année. Commencerait-il à changer.... ?

Mais la plus belle surprise va suivre quelques minutes plus tard : sa chambre est juste à côté de la mienne et le mur n'est pas assez épais pour permettre une isolation acoustique. J'entends Thomas rire et parler fort, j'imagine qu'il est encore en appel vidéo avec sa mamy. Ce type d'appels dure toujours et je me lève donc pour lui demander d'aller en bas, histoire de ne pas nous déranger et de nous laisser dormir. Et là, surprise, je réalise que Thomas ne parle pas avec sa mamy mais bien avec cinq amis ou anciens amis d'école. Il me regarde fièrement en me disant : « Quoi, qu'est-ce que je fais de mal en faisant un appel vidéo avec mes potes ? » Il sait que c'est quelque chose que je voulais et que cela va me faire plaisir. Je n'ai tout à coup plus du tout envie qu'il descende, je suis ravie et je lui demande juste de parler un peu moins fort. cela peut vous sembler idiot, mais je suis tellement contente qu'il s'ouvre enfin un peu et prenne le temps d'écouter ses copains car c'est certain, ils ne vont pas parler du FBI pendant cet appel !

Le vocabulaire de Thomas commence à changer, il est beaucoup moins distingué, des gros mots se glissent dans ses phrases par moment ou il utilise un vocabulaire de jeunes : il « n'aime pas », il « kiffe », ce ne sont pas des « filles » mais des « meufs », ce gars est « tebé » (c'est-à-dire pour les non connaisseurs, « bête »),… Quand je lui demande depuis quand il parle comme cela, il me dit que maintenant il parle comme ses potes et que c'est de cette manière que les jeunes parlent aujourd'hui. Avec un ton qui sous-entend que c'est bien moi qui lui ai demandé de s'ouvrir aux autres. Il n'a pas tort.

La rentrée après le congé de Noël se passe bien, Thomas parle visiblement bien plus avec les autres et il reviendra même un jour en me disant qu'il a bien aimé le cours de géographie. Il précise que cela lui fait mal d'admettre que des cours lui plaisent à l'école…. J'adore sa franchise.

Une autre fois, il est ravi de m'annoncer qu'un autre enfant de la classe regarde comme lui les séries françaises « Demain nous appartient » et « Ici tout commence ». Je ne vous ai pas dit mais ce sont les deux séries télévisées fétiches de Thomas. Il regarde les épisodes sur YouTube avant leur diffusion à la télévision, il peut en parler pendant des heures et il fait ses commentaires sur chaque personnage. A une époque, il avait même imaginé une copie américaine de « Demain nous appartient ». Il l'avait appelée « Le jour est à nous » et avait remplacé le prénom des personnages par des prénoms à connotation américaine. Mais le scénario était presque le même et cela devenait parfois compliqué de suivre parce que fatalement, moi je connaissais les personnages de la vraie série, pas ceux de celle sortie de son imagination. Mais au bout de quelques semaines, il s'est lassé et « Le Jour est à nous » est tombé aux oubliettes. Alors, vous imaginez, un autre élève qui suit la série, c'est d'office un « gars bien » pour reprendre l'expression de Thomas. Cela fera de lui un ami en plus évidemment.

Un autre jour, il me demande si je peux lui acheter le jeu vidéo « Fortnite ». Thomas ne joue jamais aux jeux vidéo, mais il a joué avec un autre garçon pendant la récréation, qui lui a expliqué comment y jouer. Ce jeu lui semble très cool, il voudrait bien l'essayer. Je ne suis pas fan des jeux vidéo, encore moins de celui-là, mais je suis contente et je pense qu'on va le mettre sur sa tablette. Rien que pour l'encourager à continuer à s'intéresser aux hobbys des autres, histoire de sortir un peu de son monde à lui et de ses Playmobil®.

Nous verrons bien comment évoluera cette année, mais j'ai l'impression que Thomas a trouvé un équilibre, qu'il se sent mieux et qu'il commence petit à petit à s'épanouir à l'école, à s'ouvrir aux autres, à essayer de grandir un peu, à sortir de sa bulle et de sa zone de confort. Il semble aussi apprécier beaucoup la nouvelle façon de travailler à la maison, il est bien plus motivé, il commence à s'intéresser à de nouvelles choses, à parler beaucoup moins du FBI, pompiers et policiers Américains. Il pose même des questions sur les sujets abordés au journal télévisé. Fatalement, l'investiture de Joe Biden est importante. Les Etats-Unis vont enfin être débarrassé du fou de Trump et il attend avec impatience le mercredi 20 janvier. Chaque fois que l'on aborde les Etats-Unis au JT, il arrête ce qu'il était en train de faire pour écouter. Et il lit le nom et la fonction de toutes les personnes qui passent au JT. Vous imaginez, Thomas qui lit sans y être obligé…

Je l'oblige à lire des livres, nous sommes allés ensemble à la bibliothèque pour choisir quelques types de livres différents (des mangas, des bandes dessinées d'Enola Holmes, un livre sur Arsène Lupin et Sherlock Holmes). Il a lu un Manga et a avoué que c'était sympa comme livre, que cela lui plaisait. Thomas qui avoue bien aimer lire un livre, c'est presque un miracle. Il aime aussi le livre de Sherlock Holmes et Arsène Lupin. Il a même demandé pour continuer à le lire le soir. Normalement, tout ce qui a trait à la lecture est directement catalogué dans la colonne « Je n'aime pas ». Et même si cela lui procure un peu de plaisir, il va par principe dire que non. Alors reconnaître que c'était cool et le finir en deux fois, c'est un énorme progrès à mes yeux. Bien entendu, pour le motiver, je le masse pendant qu'il lit dans ses temps libres. Thomas adore les massages, je le prends donc par les sentiments. Mais c'est tellement utile : il apprend, il n'est pas sur la tablette et il se détend grâce au massage. Bref, que du bénéfique.

Nous avons aussi commencé à lui apprendre à prendre le train. Des amis de l'école l'accompagnent dans le premier train et je prends pour le moment le relais dans le deuxième train. Le but est qu'il revienne seul d'ici deux ou trois semaines.

J'ai aussi introduit les bricolages à la maison, mais pas n'importe lesquels : Thomas crée des objets qui vont l'aider dans la gestion de son stress, dans l'acquisition de la confiance en lui, dans la gestion de ses émotions et des codes sociaux. Il est fier des objets qu'il crée et les utilise évidemment bien plus facilement que si je les avais achetés en magasin.

J'ai aussi commandé un jeu pour apprendre à faire des cartes mentales. Je suis convaincue que cela va l'aider dans ses apprentissages. On va perdre du temps à les créer mais ce n'est rien, je suis certaine que cela sera bénéfique pour Thomas.

Le chemin est encore long, tant sur le plan scolaire qu'au niveau du développement comportemental de Thomas, de l'acquisition des codes sociaux, de la gestion de ses TOC, mais je suis convaincue que la méthode scolaire que nous avons mise en place aujourd'hui est très certainement la plus adéquate pour Thomas et celle qui lui permettra d'évoluer tant intellectuellement que socialement. Bien sûr, un suivi psychologique et d'autres aides seront nécessaires en-dehors de l'école.

Mais je ne suis plus pressée de lui faire passer son CE1D, cette année ou l'année prochaine cela m'est égal. Le remettre dans l'enseignement général ne m'apparaît plus comme une urgence alors qu'il commence seulement à évoluer. Je préfère aujourd'hui qu'il prenne un an de plus mais qu'il soit bien plutôt que de courir derrière le train et d'être continuellement sur la corde raide. Il ne retournera dans l'enseignement général que lorsqu'il sera prêt, et peu importe le temps qu'il lui faudra. Nous suivrons son rythme et nous avancerons pas à pas, pour ne pas détruire tous les efforts accomplis et ne pas retomber en pleine ascension.

Vous êtes en droit de vous demander pourquoi j'ai écrit ce livre. Il peut y avoir différentes raisons : est-ce un exutoire ? Ai-je pour but de n'aider les gens qu'une seule fois au travers de ce récit ? Ai-je envie de devenir auteure romancière ? Ai-je d'autres objectifs ?

J'ai bien entendu d'autres objectifs. La rédaction de cet ouvrage m'a fait énormément de bien, je ne vais pas le nier, même si cela n'a pas été facile. Je suis une personne réservée (je pourrais même dire renfermée), je garde énormément pour moi et je ne me suis jamais livrée comme je l'ai fait dans ce essai. Mais je voulais être sincère et ne pouvais donc pas cacher mon ressenti. Je vais, grâce à ce livre, pouvoir refermer définitivement un chapitre. Et pendant les semaines que m'ont pris la rédaction de ce bouquin, en réfléchissant à ce que j'allais raconter, j'ai bien entendu à nouveau analysé le parcours de Thomas, mes décisions, les conséquences qu'elles ont eues et cela m'a permis de progresser et d'ouvrir les yeux sur mes erreurs pour ne plus les reproduire.

Mais je suis bien consciente que l'aide que j'ai reçue et le fait de travailler de la maison m'a permis de réaliser des choses que tout parent n'a pas la possibilité de faire. Et, par conséquent, tous les enfants ne sont pas sur un pied d'égalité. Ce qui ne me convient évidemment pas.

Je sais que je ne changerai pas le monde, que je ne pourrai pas chambouler le système scolaire en place, mais je veux apporter ma pierre à l'édifice, pour aider les parents qui sont, comme moi, dépourvus devant la souffrance de leur enfant.

J'ai donc décidé de créer une ASBL Celle-ci se prénommera « Le monde de Thomas » et devrait voir le jour d'ici juin

2021. J'ai bien entendu réalisé une enquête au préalable pour m'assurer que les difficultés que j'avais rencontrées au cours du parcours de Thomas étaient similaires à celles des autres parents et pour cibler au mieux leurs attentes et besoins.

Le but de cette ASBL sera d'aider les parents et les enfants qui souffrent des mêmes troubles que Thomas, de différentes façons :

- En créant des manuels d'apprentissage avec une méthode différente, plus adaptée à ce type d'enfants. Ouvrir une école serait la cerise sur le gâteau mais nous allons commencer par des objectifs plus réalistes dans un premier temps. L'avenir nous dira si nous voyons plus grand par la suite ou non.

- En organisant des activités extra-scolaires les mercredis et le weekend, axées sur le bricolage, le sport, l'acquisition de codes sociaux

- En donnant accès à des soins différents qui sont normalement coûteux mais qui seront proposés à prix réduits pour les membres de l'ASBL, afin de faciliter la vie quotidienne tant des enfants que des parents.

N'hésitez donc pas aller aimer notre page Facebook qui est disponible à l'adresse suivante https://www.facebook.com/Le-monde-de-Thomas-autiste-asperger-14-ans-106355354736608 et à rejoindre notre groupe Facebook pour échanger avec des personnes confrontées au mêmes difficultés que vous https://www.facebook.com/groups/4641 36924786887.

ANNEXES

Je ne reviendrai pas en arrière. Ce qui est fait est fait. L'important est d'avoir réussi à sortir de cet horizon qui semblait complètement bouché.

Toutefois, si je peux vous donner quelques conseils tirés de mon expérience, je vous donnerais ceux-ci :

✓ Si votre enfant a des difficultés, s'il a des troubles du langage ou du comportement, il vaut mieux le mettre dans une grande école plutôt que dans une petite école de village comme je l'avais fait. Les grandes écoles ont accès à des solutions extérieures que les petites écoles n'ont pas.

✓ Avant de mettre votre enfant dans l'enseignement spécialisé, contactez une ou plusieurs grandes écoles pour voir si elles n'ont pas des solutions pour vous. A refaire, je fais recommencer une première primaire à Thomas ailleurs et je contacte toutes les grandes écoles des environs.

✓ Si vous vous rendez compte que votre enfant perd son temps, n'attendez pas des années pour le changer d'école comme je l'ai fait. Le retard accumulé est de plus en plus difficile à récupérer et à un moment, votre enfant se retrouve coincé dans un système qui n'est pas adapté à ses besoins ni à ses problèmes.

✓ Les trajets sont lourds à gérer mais il y a parfois des solutions. Je n'ai même pas essayé d'en trouver. Je pense que gérer une heure de trajet supplémentaire par jour aurait été bien moins lourd à porter que de passer une année à devoir combiner un travail à temps plein et l'école à la maison avec autant de retard à rattraper.

✓ L'école à la maison est une bonne alternative pour peu qu'on le fasse dès le départ et qu'on ne doive pas faire trop d'années en une. Ça permet alors de laisser de la place à une autre méthode de travail, à moins de stress, au temps tout simplement. Ici, j'ai couru derrière le temps, je me suis fixée un objectif démesuré et je me suis détruite au passage. J'ai aussi fait énormément de mal psychologique à Thomas et je pense que je n'ai fait qu'augmenter son dégoût pour l'école. Il est tout à fait possible de garder un contact social avec d'autres enfants au travers d'activités extra-scolaires ou tout simplement en créant des liens avec des familles dont les enfants font aussi l'enseignement à domicile.

✓ Ne mettez pas trop de pression sur la tête de votre enfant, contrairement à ce que j'ai fait. Thomas est déjà de nature anxieuse et ici, je n'ai fait qu'augmenter ce stress. Il a développé des TOCs qu'il n'avait pas auparavant, il dormait mal, il trouvait injuste que je le fasse travailler autant. Il avait encore besoin de jouer. J'étais aussi stressée que lui, fatiguée, et je lui ai transmis tout ce stress, ce qui n'a fait que décupler le sien. Dans quel état l'aurais-je mis s'il avait échoué ? Je n'ose même pas l'imaginer. Je n'ai à aucun moment envisagé la possibilité qu'il rate et c'est aussi une grosse erreur. J'aurais pu le détruire et il aurait mis des années à se relever.

✓   Enfin, le point le plus important sûrement : je n'ai absolument pas respecté le rythme de Thomas. Je n'ai tenu compte que du CEB à obtenir en juin pour ne pas prendre trop de retard dans son cycle scolaire. Je me suis imposé cette échéance, je l'ai imposée à Thomas, rien ni personne ne nous l'imposait. C'était ma décision. Il aurait pu passer son CEB un an après. J'ai fait abstraction totale des autres soucis. J'ai utilisé une méthode de travail qui n'était pas du tout appropriée pour Thomas, mais que je maîtrisais et qui me semblait la plus rapide et la plus adéquate pour rattraper le retard accumulé. C'était une erreur. Finalement, obtenir le CEB un an plus tard, nous aurait peut-être rendu la vie bien plus facile à mes parents et moi, mais aussi à Thomas. Qu'est-ce qu'un an de retard pour un enfant qui a des troubles dysfonctionnels ? Ce n'est pas dramatique. Son bien-être psychologique est certainement

bien plus important qu'une année
scolaire.

<u>Annexe II – Lettre à Thomas</u>

Mon petit Cœur,

Si un jour l'idée de lire ce livre te prenait, je ne voudrais pas que tu interprètes mal certains passages et que tu te fasses dès lors de fausses idées. Je ne veux pas que tu sois blessé par l'une ou l'autre parole que j'aurais écrite dans le récit de ta vie.

Tu es un petit (enfin, plutôt un grand) garçon hypersensible, rempli d'empathie, toujours prêt à te sacrifier pour les personnes chères à tes yeux. Même si certains moments ont été compliqués, tu m'as toujours rendu au centuple l'amour que je t'ai donné et je serai toujours là pour toi,

Je suis donc heureuse et fière d'être ta maman. Je ne regrette rien, je continuerai à t'épauler et je serai toujours là pour toi. Ne doute jamais de toi, tu es plein de ressources, il te suffit juste de les utiliser à bon escient. Tu as un bel avenir devant toi.

Je t'aime fort,

Maman

Le trouble du déficit de l'attention avec hyperactivité est un trouble neurodéveloppemental, un dysfonctionnement dans le lobe frontal du cerveau. Il serait lié à une diminution des neurotransmetteurs qui provoque un ralentissement du fonctionnement de cette zone du cerveau, responsable du contrôle de certains comportements. Les symptômes/comportements sont présents chez à peu près tout le monde, mais leur fréquence et leur intensité varient d'une personne à l'autre.

Au niveau du trouble déficit de l'attention avec hyperactivité (TDAH), je vous conseille de lire le livre de Adrien Devyver, journaliste, intitulé « On m'appelle la Tornade ». Adrien Devyver souffre du TDAH, diagnostiqué tardivement. Il raconte son parcours, tant familial, que scolaire et professionnel, les difficultés qu'il a rencontrées et ce qu'il a ressenti. Il raconte aussi comment il fonctionne, comment son cerveau part dans tous les sens et les péripéties qu'il a vécues et qu'il continue à vivre à cause de son trouble. Et surtout, il nous révèle ce qui l'aide à gérer cette hyperactivité et ce déficit d'attention. Ce livre m'a beaucoup appris sur le mode de fonctionnement de Thomas et il va m'aider à mettre encore d'autres outils en place afin de lui permettre de mieux gérer son déficit d'attention et de le soulager dans sa vie quotidienne.

Parmi les similarités que j'ai découvertes entre mon fils et l'auteur de ce livre, il y a les éléments suivants :

-       Ils ont tous les deux la bougeotte, impossible pour eux de rester en place.

- Ils ont l'art de couper la parole aux gens.

- Ils ont la faculté de commencer/faire plusieurs choses à la fois. Il leur est très difficile de ne se concentrer que sur une seule activité.

- Ils ont besoin de beaucoup d'encouragement et perdent vite confiance en eux quand ils n'arrivent pas à aller au bout de quelque chose.

- La méthode d'enseignement traditionnelle n'est pas leur tasse de thé. Les résultats qu'ils ont ne reflètent pas leurs compétences.

- Ils sont hypersensibles, très émotifs.

- Tout est démesuré dans leur façon d'agir.

- Ils ont énormément d'empathie pour les gens qui les entourent et qui sont importants pour eux.

-       Quand cela ne va pas, ils s'isolent.

-       La maladresse fait partie de leur quotidien.

-       Ils perdent tous les deux leurs affaires très régulièrement.

-       Leur coiffure n'est pas leur principale préoccupation. Thomas ne se coiffe jamais le matin si je ne lui dis pas de le faire.

-       Dans leurs jeux, ils sont capables de jouer le rôle de tous leurs personnages et de switcher de l'un à l'autre, sans aucune difficulté. Ils ont plein d'imagination et sont très créatifs.

Il y a évidemment d'autres caractéristiques, mais je vous ai mises celles qui me semblaient les principales.

Les enfants autistes ont généralement des problèmes dans trois secteurs cruciaux du développement :

-       les interactions sociales

-      le langage et la communication

-      le comportement.

La sévérité des symptômes varie grandement entre les enfants. Un enfant atteint d'autisme sévère démontre une inaptitude totale à communiquer ou à interagir avec les autres, ce qui ne sera pas le cas d'un autiste léger.

Le sujet est beaucoup trop com-plexe et peut facilement rédiger un bouquin entier. Difficile aussi de conseiller un livre plutôt qu'un autre car tous les enfants sont différents. Je peux toutefois vous recommander un article que je trouvais très bien écrit et qui caractérisait tellement bien mon fils Thomas. Il s'agit de : « Syndrome d'Asperger : ce qu'il faut savoir pour ne plus juger » de Marie Josée Courdeau, auteure et conférencière, diagnostiquée autiste Asperger à quarante-deux ans. Marie Josée Courdeau y décrit les traits principaux des autistes Asperger et donne un peu d'informations sur leur mode de fonctionnement, différent de celui des enfants dans la norme. L'avantage c'est qu'il n'est pas très long et peut servir de base pour de futures lectures plus détaillées.

J'ai trouvé de nombreuses similitudes entre les attitudes décrites dans cet article et celles de Thomas :

- Thomas a des intérêts très restreints, en constante évolution : ils apparaissent tout à coup et changent aussi du jour au lendemain.

- Thomas est un expert dans ses centres d'intérêt, il en a vite su plus que moi. Ces centres dénotent avec ceux habituels des enfants de son âge. Vous les avez découvert au court de mon récit.

- Thomas ne sait entre-tenir une conversation que sur ses sujets de prédilection et est capable de poser 50 fois la même question sur la journée. Il connaît bien entendu ma réponse à toutes les questions qu'il va me poser mais cela ne le dissuade pas de me les poser. Thomas est incapable d'aller vers un enfant qui ne partage pas ses passions du moment et ne sait pas quoi lui dire.

-	Thomas adore les sciences et principalement les séries de police scientifique. A une époque, il s'amusait à relever des empruntes partout et à jouer au policier scientifique dans son laboratoire.

-	Thomas n'a pas de codes sociaux, il parle sans filtre, il ne réalise pas que certaines choses ne se disent pas et même quand on lui explique que c'est déplacé, il ne comprend pas pourquoi. Pour lui, il a dit la vérité et donc il n'y a pas de mal. L'honnêteté est importante à ses yeux.

-       Thomas n'a aucun sens de l'humour, du second degré quand cela le concerne. Il essaie bien de faire parfois quelques blagues aux autres mais quand on le taquine, il prend tout au premier degré et se vexe très rapidement. Il cherche toujours la logique dans ce qu'il entend et s'il ne la trouve pas, il est perdu. Il est illogique de sous-insinuer quelque chose puisqu'il suffit de le dire sans filtre quand il s'agit de la vérité. Il est donc très vite déstabilisé.

-       Thomas est extrêmement sensible aux injustices et est très empathique vis-à-vis des gens qui souffrent autour de lui.

-       Thomas est terriblement anxieux, il a besoin de comprendre le but et l'utilité de tout ce qu'on lui demande. Et si ce n'est pas logique à ses yeux (bien sûr sa logique pas la nôtre), le stress monte.

-       Il a aussi du mal dès qu'on change quelque chose dans ce qui était planifié, dès que l'on modifie ses repères. « Pourquoi ? On devait faire autre chose. Ce n'est pas ça qui était prévu et moi je veux qu'on fasse ce qui était prévu. ». J'ai entendu ces phrases des centaines de fois.

-       Thomas ne se soucie pas de son propre bruit, il est parfois très bruyant quand il joue mais il y a des bruits extérieurs qu'il ne supporte pas, comme les pleurs de sa petite nièce. Il l'adore mais il préfère ne pas la voir quand elle pleure.

Vous avez pu constater comme moi qu'il y a des similitudes entre les symptômes TDAH et ceux de l'autiste Asperger, ce qui explique sans doute le temps qu'il a fallu pour que Thomas soit reconnu autiste Asperger, puisqu'un diagnostic de TDAH avait déjà été posé par le passé. C'est déplorable car mon ignorance sur les soucis réels de Thomas

m'a amenée à faire des mauvais choix et
par conséquent, à lui compliquer la vie.
Et par conséquent, la mienne aussi…

<u>Remerciements</u>

Je tiens à remercier vivement toutes les personnes qui m'ont aidée et soutenue dans la rédaction de cet ouvrage.

Tout d'abord, je remercie mes enfants Ysaline, Gaëtan et Jonathan. qui ont été les premiers lecteurs et particulièrement Jonathan, sans qui ce projet n'aurait pas vu le jour.

Je remercie aussi mes correctrices, maman, ma sœur et mes amies Caroline et Nadège. Merci à vous quatre pour votre relecture approfondie et pour tous vos commentaires avisés.

Merci aussi à Lucas qui a réalisé la couverture de cet essai.

[i] Le PMS est le centre psycho-médico-social. Chaque école est rattachée à un centre. C'est un lieu d'accueil, d'écoute et de dialogue où le jeune et/ou sa famille peut aborder les questions qui le préoccupent en matière de scolarité, d'éducation, de vie familiale et sociale, de santé, d'orientation scolaire et professionnelle, Le Centre PMS est composé de psychologues (conseillers et assistants psychopédagogiques), d'assistants sociaux (auxiliaires sociaux) et d'infirmiers (auxiliaires paramédicaux) qui travaillent en équipe. Un médecin est également attaché à chaque Centre PMS.
Vous pouvez trouver plus d'informations sur la page
http://www.enseignement.be/index.php?page=24633

[ii] L'enseignement spécialisé de type 8 est un enseignement spécialisé pour les enfants ne présentant pas de retard mental, mais souffrant de troubles instrumentaux (appelés aussi les troubles DYS -dyslexie, dyspraxie, dyscalculie...).
Si vous souhaitez plus d'informations, vous pouvez vous rendre sur la page

[iii] Vous trouverez dans le tableau ci-dessous le détail de tous les enseignements spécialisés en Belgique francophone

Types d'enseignement	niveau maternel	niveau primaire	niveau secondaire	s'adressent aux élèves présentant
1		X	X	un retard mental léger
2	X	X	X	un retard mental léger modéré ou sévère
3	X	X	X	des troubles du comportement
4	X	X	X	des déficiences

				physiques
5	X	X	X	des maladies ou sont convalescents
6	X	X	X	des déficiences visuelles
7	X	X	X	des déficiences auditives
8		X		des troubles des apprentissages

Si vous souhaitez plus d'informations, vous pouvez vous rendre sur la page https://www.belgium.be/fr/formation/enseignement/specialise

[iv] Le neurofeedback permet d'ajuster des comportements inappropriés pour les remplacer par d'autres plus adaptés à la physiologie. Qu'il s'agisse de comportements moteurs, cognitifs ou émotionnels. Il est indiqué pour les troubles suivants : Troubles de scolarité (TDAH, DYS...),
Troubles de l'humeur (stress, dépression,

anxiété, colère...),
Sommeil, acouphènes,
Problèmes psychologiques (phobies, TOC,
dépendances...),
Problèmes neurologiques (épilepsie...),
Problèmes moteurs et
physiques (Alzheimer, Parkinson, IMC),
Amélioration des performances
(professionnelles, sportives, artistiques,
scolaires...). Vous trouverez plus
d'informations sur la page
https://www.neurofeedbackcenter.be/

[v] Vous trouverez plus d'informations sur la page
https://quizlet.com/fr-fr

www.ingramcontent.com/pod-product-compliance
Lightning Source LLC
Chambersburg PA
CBHW061240120726
48001CB00001B/63